JOSÉ
PRÍNCIPE DO EGITO

HERNANDES DIAS LOPES

JOSÉ
PRÍNCIPE DO EGITO

© 2022 por Hernandes Dias Lopes

1ª edição: outubro de 2022
1ª reimpressão: novembro de 2024

Revisão: Daila Fanny (copidesque) e Ana Maria Mendes (provas)
Diagramação: Letras Reformadas
Capa: Julio Carvalho
Editor: Aldo Menezes
Coordenador de produção: Mauro Terrengui
Impressão e acabamento: Imprensa da Fé

As opiniões, as interpretações e os conceitos desta obra são de responsabilidade de quem a escreveu e não refletem necessariamente o ponto de vista da Hagnos.

Todos os direitos desta edição reservados à
EDITORA HAGNOS LTDA.
Rua Geraldo Flausino Gomes, 42, conj. 41
CEP 04575-060 — São Paulo, SP
Tel.: (11) 5990-3308

E-mail: editorial@hagnos.com.br | Home page: www.hagnos.com.br
Editora associada à Associação Brasileira de Direitos Reprográficos (ABDR)

Dados Internacionais de Catalogação na Publicação (CIP)

Lopes, Hernandes Dias
  José, príncipe do Egito / Hernandes Dias Lopes. – São Paulo : Hagnos, 2022

  ISBN 978-85-7742-371-2

  1. José do Egito (personagem bíblico) 2. Bíblia I. Título

22-4178   CDD-222

Índices para catálogo sistemático:
1. José do Egito (personagem bíblico)

Angélica Ilacqua CRB-8/7057

DEDICATÓRIA

Dedico este livro ao Dr. Kurt Selles, diretor-geral do ReFrame Ministries, ministério ligado à Christian Reformed Church e mantenedora da LPC. O Dr. Kurt é um homem de Deus, amigo precioso e parceiro de nosso ministério.

SUMÁRIO

Prefácio 9
Introdução 11

1. José, o amado do pai 15
2. José, o irmão odiado 19
3. José, o escravo 29
4. José, o sonhador 39
5. José, o mordomo 45
6. José, o assediado 55
7. José, o intérprete de sonhos 73
8. José, o governador do Egito 91
9. José e seus irmãos 101
10. José se revela a seus irmãos 139
11. José e seu pai 151
12. José, grande líder em tempo de crise ...165
13. José e seus filhos 179
14. José e as bênçãos proféticas de Jacó ...193
15. José: choro, perdão, celebração e esperança 219

Bibliografia 235

Prefácio

Tenho a grata alegria de entregar aos nossos leitores esta obra que versa sobre José, príncipe do Egito. José foi bisneto de Abraão, neto de Isaque, filho de Jacó e pai de Manassés e Efraim. Seu pai teve duas esposas e duas concubinas, com as quais teve filhos. José era o primogênito de Raquel, esposa amada de Jacó. Ela morreu no parto do filho caçula, Benjamim.

José foi fiel a Deus e a seu pai desde a infância. Embora fosse amado pelo pai, era odiado pelos irmãos. Cresceu numa família de pastores, mas viveu ao redor de seus sonhos, que não procediam de seu coração, mas lhe foram dados por Deus para cumprir a promessa feita a Abraão. A descendência deste desceria ao Egito. José haveria de se tornar não apenas o grande líder e provedor de sua família, mas também um grande líder mundial como príncipe do Egito e provedor do mundo.

Sua história é repleta de alegrias e tristezas, amor e ódio, trabalhos e tramas, sonhos e pesadelos, face sorridente e providência carrancuda. Deus esteve com José na casa de seu pai, na casa de Potifar, na prisão e no palácio de faraó. José manteve-se fiel na prosperidade e na adversidade, na prisão e no palácio, na juventude e na velhice. Jamais claudicou. Jamais vendeu sua consciência. Jamais transigiu com os valores absolutos que pautaram sua vida da juventude à velhice e governaram suas decisões.

José foi uma bênção não apenas para sua família, mas também para os egípcios. Ele sustentou, em tempos de fome, não somente seus irmãos, mas o mundo inteiro. A sabedoria que ostentava não vinha dele mesmo, mas procedia de Deus. Como príncipe do Egito, deu testemunho de sua fé em Deus na terra dos faraós.

Estudar sobre a vida de José é se matricular na escola superior do Espírito Santo e aprender aos pés de um grande líder, um homem que foi um perfeito tipo de Cristo no Antigo Testamento. Estou certo de que a leitura desta obra há de trazer luz à sua mente e santa alegria à sua alma. Que as páginas a seguir sejam um cardápio nutritivo e saboroso para alimentar seu coração com as iguarias divinas. Boa leitura!

Introdução

José é um dos mais eloquentes tipos de Cristo em toda a Bíblia. Amado pelo pai, odiado pelos irmãos, vendido como escravo, exaltado como governador do Egito e provedor dos povos.

José foi um sonhador. Até os 17 anos, viveu na casa de seu pai, entre seus irmãos. Nesse tempo, ele teve sonhos e, nesses sonhos, via a família gravitando ao seu redor. Esses sonhos eram proféticos. Apontavam para sua honrosa posição como governador do Egito e lançavam luz sobre Cristo, em quem todas as coisas convergem, tanto as do céu como as da terra.

José foi um escravo. Aos 17 anos, ele foi vendido pelos seus irmãos para uma caravana de ismaelitas que rumava para o Egito, onde foi revendido para Potifar, oficial do faraó e comandante de sua guarda. Dentro da providência divina, o jovem José foi levado para as proximidades do poder. Na casa de Potifar, foi promovido a mordomo e tornou-se o administrador-mor da casa de Potifar. Tudo em que colocava as mãos, Deus fazia prosperar.

José foi um prisioneiro. No auge de sua honrosa posição de mordomo da casa de Potifar, foi acusado de assédio sexual. A mulher de Potifar colocou os olhos nele e despudoradamente insistiu com José para se deitar com ela. Mesmo diante de todas as investidas de sua patroa, José jamais abriu a guarda. Ele firmemente se recusou a se deitar com ela. Então, ela agarrou José e o jovem hebreu precisou fugir, deixando a túnica nas mãos da mulher. José passou os melhores anos de sua juventude numa prisão. Dos 17 aos 30 anos, ele viveu uma espécie de gangorra no Egito: de escravo a mordomo; de mordomo a acusado; de acusado a prisioneiro; de prisioneiro a príncipe.

José foi um governador. Aos 30 anos, por interpretar os sonhos de faraó, José foi nomeado governador de toda a terra do Egito e recebeu poder e autoridade para colocar em curso o plano que Deus revelara ao faraó através de sonhos. Como gestor, José construiu muitos celeiros e armazenou cereal sem conta para abastecer as nações nos anos de escassez e fome que estavam por vir.

José foi um provedor da família. Aos 39 anos, ele mandou chamar seu pai e toda a família para o Egito e, em vez de se vingar dos irmãos, perdoou-os e cuidou deles e de suas respectivas famílias, dando-lhes o melhor da terra do Egito. José pagou o mal com o bem e demonstrou que, embora seus irmãos tivessem intentado o mal contra ele, Deus transformara o mal em bem para a preservação da vida de todos. José foi um apaziguador da alma. Aos 56 anos, depois da morte de Jacó, seu pai, seus irmãos mais uma vez foram atormentados pela culpa. Pensaram que José se vingaria deles, uma vez que Jacó estava morto. José, porém, chorou ao perceber que os irmãos ainda viviam fustigados pela culpa e pelo medo. Seus irmãos se ofereceram para serem seus escravos, mas José lhes acalmou o coração, dizendo que não estava no lugar de Deus para se vingar e que continuaria sustentando não só a eles, mas também a seus filhos.

Ele foi um homem de fé. Aos 110 anos, José morreu, mas antes de fechar os olhos para este mundo, abriu-os para o futuro e profetizou o êxodo (Hebreus 11:22). José disse a seus irmãos que Deus os visitaria e os levaria para a terra de Canaã, conforme havia prometido a Abraão, Isaque e Jacó. Nesse tempo, eles deveriam transportar seus ossos do Egito para a terra prometida. A promessa feita a José foi cumprida. Ele morreu. Seu corpo foi embalsamado e colocado num caixão. Mais de três séculos depois, quando Deus libertou o seu povo da escravidão no Egito, os ossos de José foram levados (Êxodo 13:19) e sepultados em Canaã (Josué 24:32).

José foi fiel na casa de seu pai, na casa de Potifar, na prisão e no palácio. Foi fiel na pobreza e na riqueza, no anonimato e na fama. Que Deus levante, em nossa geração, homens desse calibre!

CAPÍTULO 1

JOSÉ, O AMADO DO PAI

Deus revelara a Abraão seu propósito de conduzir a família escolhida ao domínio estrangeiro, até que se enchesse a medida da iniquidade dos amorreus e Canaã estivesse madura para a possessão (Gênesis 15:13-16). A cadeia de acontecimentos que levaria Israel para o Egito foi posta em movimento. A providência de Deus estava em ação.[1]

Gênesis 37 abre a história épica de Jacó e seus descendentes (v. 1-2). O ator principal desta cena, porém, não é Jacó, e sim José, mencionado duas vezes mais que seu pai nos quatorze capítulos a seguir do livro das origens. Essa história está repleta de profundas implicações teológicas. A mão de Deus fica evidente em cada uma das cenas, controlando e prevalecendo sobre as decisões das pessoas. No final, Deus constrói um herói, salva uma família e cria uma nação que será bênção

---

[1] KIDNER, Derek. *Gênesis: introdução e comentário.*, p. 167.

para o mundo todo. Por trás dessa história está o Deus da aliança, que sempre cumpre suas promessas.[2]

José é o mais vívido tipo de Cristo em toda a Bíblia, muito embora ele não tenha sido mencionado como tal. Ele foi amado pelo pai, odiado pelos irmãos e vendido por vinte siclos de prata; sofreu injustiça, mas foi exaltado com o propósito de livrar seu povo da morte. Ele salvou o mundo da fome e da morte. O faraó deu-lhe o nome de Zafenate-Paneia, cujo significado é "salvador do mundo" (Gênesis 41:45).

Com a morte de Isaque, seus filhos Jacó e Esaú se separaram definitivamente. Jacó habitou na terra das peregrinações de seu pai, Canaã (Gênesis 37:1). Nessa terra é que se desenrola essa história marcada por amor, ódio, traição, tráfico humano, mentiras, lágrimas e dor.

José nasceu numa família de pastores de ovelhas (Gênesis 37:2). Aos 17 anos, ele trabalhava como pastor na companhia de seus irmãos, filhos de Bila e Zilpa. Nos altiplanos de Hebrom, sob o sol escaldante do dia e no frio gelado da noite, esse jovem começou sua história eivada de emoções conflitantes. José viveu com Jacó seus primeiros dezessete anos, e Jacó viveu com José seus últimos dezessete anos no Egito (Gênesis 47:28).

---

[2] WIERSBE, Warren W. *Comentário bíblico expositivo*, vol. 1, p. 182.

Os irmãos de José não tinham um comportamento exemplar, e ele achava que deveria tornar conhecido de seu pai os malfeitos deles (Gênesis 37:2). Na verdade, Dã, Naftali, Gade e Aser não eram bons exemplos para José, por isso ele levava más notícias destes ao pai. Embora José não fosse do mesmo estofo moral de seus irmãos, sua postura de bisbilhotá-los e destampar seus erros diante de Jacó eram fruto de sua imaturidade juvenil, uma vez que "o amor cobre todas as transgressões" (Provérbios 10:12). Essa postura nada elogiável de José foi mais um componente que levou seus irmãos a nutrirem por ele profunda aversão.

Se não bastasse esse desconforto dos irmãos de José em vê-lo informando a Jacó suas atitudes, José era, definitivamente, o filho predileto de Jacó (Gênesis 37:3). Ele era alvo do amor preferencial de seu pai. A predileção transformou-se em favoritismo.[3] José era o filho primogênito e favorito de Raquel, a esposa favorita de Jacó. Era o filho de sua velhice, diferente de seus irmãos em caráter e atitude.

É certo que Jacó não agiu de forma prudente ao amar mais a José do que aos outros filhos. Os pais não devem ter predileção por um filho em detrimento dos outros. Esse mesmo erro foi cometido por Isaque, seu

---

[3] BRÄUMER, Hansjörg. *Gênesis*, vol. 2, p. 165.

pai. De geração em geração, essa atitude se repete, gerando tensões na família. Jacó não apenas amava mais a José do que a seus irmãos, mas não escondia isso. Ele fez questão de tornar público sua predileção por José ao presenteá-lo com uma túnica talar de mangas compridas. H. C. Leupold, diz que "essa túnica tinha mangas e se estendia até os tornozelos".[4] Nos dias de José, a roupa de trabalho era uma túnica curta, sem mangas. Ela deixava os braços e as pernas livres para que os trabalhadores pudessem se mover com facilidade.[5] Essa túnica era o emblema do amor de Jacó por José.

---

[4] LEUPOLD, H. C. *Exposition of Genesis*, vol. 2, p. 955.
[5] SWINDOLL, Charles R. *José*, p. 25.

CAPÍTULO 2

JOSÉ, O IRMÃO ODIADO

José foi odiado pelos seus irmãos (Gênesis 37:4). A tagarelice, a gabolice e a túnica ostensiva de José inflamaram ainda mais a ojeriza de seus irmãos contra ele. Era notório que a distinção dada a José despertava no coração de seus irmãos uma inveja perigosa, um ódio velado e uma hostilidade que desembocou numa clamorosa injustiça. A primeira manifestação desse ódio estava no fato de que eles já não podiam lhe falar pacificamente. A postura de Jacó custou-lhe muito sofrimento, pois ficou privado de seu filho amado vinte e dois anos. A crueldade dos irmãos de José foi uma tempestade na alma deles. Não conseguiram viver em paz. Sua consciência bradava sem intermitência, acusando-os de violência ao irmão e mentira ao pai.

As virtudes de José denunciavam os pecados de seus irmãos; sua luz apontava as trevas em que viviam; sua prontidão em obedecer ao pai de todo o coração indicava a maldade deles. O sucesso de José era o fracasso deles. Eles não viam José como um irmão e amigo, mas como um concorrente. Eles olhavam para José não com benevolência, mas como um rival que deviam afastar do caminho.

O ódio dos irmãos de José cresceu como um rio volumoso e desaguou num ciúme doentio. "Seus irmãos lhe tinham ciúmes; o pai, no entanto, considerava o caso consigo mesmo" (Gênesis 37:11). A virtude desperta mais inveja do que gratidão. É mais fácil sentir inveja de quem anda corretamente do que seguir seus passos. Os irmãos de José, em vez de imitar seu exemplo, passaram a odiá-lo. Longe de pedirem a Deus discernimento acerca do que estava acontecendo, alimentaram sua alma com o absinto do ciúme. Vale destacar que esse sentimento doentio de ciúme atingiu a todos os irmãos. Ele passou a ser uma espécie de *persona non grata* entre eles.

O ciúme é um sentimento destrutivo. Nenhuma reação é mais cruel do que o ciúme. É duro como a sepultura (Cântico dos Cânticos 8:6). Revela três sintomas: uma pessoa ciumenta vê o que não existe, aumenta o que existe e procura o que não quer achar. Em vez de olharem para José como o instrumento que Deus estava levantando para salvar sua família, viram-no como uma ameaça. Em vez de cuidarem dele, nutriram o desejo de destruí-lo. No meio dessa tempestade de ódio e ciúmes dentro de sua casa, Jacó ponderava essas coisas em seu coração, considerando o caso consigo mesmo.

Mesmo não tendo discernimento acerca da natureza dos sonhos de José, Jacó entregava-se à reflexão sobre o que poderia ser isso. O patriarca nos ensina que há momentos em que devemos nos calar e meditar. O silêncio é melhor do que a loquacidade frívola. A meditação é melhor do que palavrórios insensatos. Não tenha ciúmes de quem Deus está levantando e usando para cumprir seus propósitos!

O rio caudaloso do ódio dos irmãos de José ganha mais um afluente. Jacó envia José a seus irmãos, que estavam em Siquém, para ter deles notícias (Gênesis 37:12-14). Jacó era pastor de ovelhas e tinha muitos rebanhos. Seus filhos exerciam o mesmo ofício. Todos os filhos de Jacó, exceto José, cuidavam dos rebanhos em Siquém. O estupro de Diná, a chacina e o saque a Siquém haviam ocorrido cerca de dois anos antes (Gênesis 34:1-29), quando José tinha 15 anos. Portanto, Jacó tinha toda razão em se preocupar com seus filhos em Siquém.

Mesmo Jacó sabendo que os irmãos de José o odiavam e tinham ciúmes dele, envia-o a eles, talvez na tentativa de pacificar os irmãos enciumados, que veriam José indo ao encontro deles para saber se estavam em paz. José, mesmo sabendo que alguns de seus irmãos não tinham bom comportamento e que todos o odiavam por causa do lugar especial que ocupava no coração do pai, bem como por causa de seus sonhos e de suas palavras, não hesitou em obedecer a seu pai e ir ao encontro de seus irmãos.

José nos ensina a importância da obediência aos pais. Ele poderia alegar vários motivos para não ir. Poderia apresentar os riscos de uma jornada solitária de 80 quilômetros de Hebrom a Siquém. Porém, José prontamente obedeceu a seu pai. Ele não colocou obstáculos no caminho da obediência. José também nos ensina que a obediência não deve ser tardia. Ele obedeceu prontamente. Sua disposição para fazer a vontade do pai foi absoluta.

José nos ensina ainda que, a despeito da indisposição de seus irmãos, eles eram seus irmãos. Jacó não o enviou para o meio de inimigos, mas para o encontro com irmãos. Jacó imaginava que o laço de sangue era capaz de superar as diferenças entre eles. Mesmo sublimando o ódio e o ciúme de seus filhos com respeito a José, Jacó agiu em pleno alinhamento com o propósito eterno de Deus.

José, aos 17 anos, sem tardança, se põe a procurar seus irmãos (Gênesis 37:15-17). O propósito de Jacó ao enviar José a Siquém era ter notícias de seus filhos e do rebanho. Está escrito: "Disse-lhe Israel: Vai, agora, e vê se vão bem [*shalom*] teus irmãos e o rebanho; e traze-me notícias. Assim, o enviou do vale de Hebrom, e ele foi a Siquém" (v. 14). A jornada não seria fácil. Era uma região deserta, com montanhas, vales e muitos perigos. José estava errante pelo campo quando um homem o encontrou e lhe perguntou: "Que procuras?". Ele respondeu: "Procuro meus irmãos". O homem informou a José que seus irmãos não estavam mais em Siquém, mas tinham ido para Dotã, 21 quilômetros a noroeste de Siquém. Longe de desistir da jornada, José seguiu atrás dos irmãos e os achou em Dotã. Dotã fazia parte da imemorial via de comunicação entre Damasco e a estrada costeira para o sul, e suas especiarias eram produtos básicos do comércio com o Egito. Esse episódio nos ensina que a obediência pode requerer sacrifícios. José poderia ter voltado do campo para casa, dizendo ao pai que os irmãos não estavam mais em Siquém. Mesmo sem rumo no campo, José empenhou-se em encontrar os irmãos, fazendo novas peregrinações. Ensina-nos também que o amor cobre multidão de pecados. José era odiado pelos irmãos, mas os amava e estava disposto a ir ao encontro deles. Quem ama não nutre suspeitas, mas alimenta confiança. Ainda, ensina que o caminho da obediência nos leva além para fazermos a vontade daquele que nos enviou. Dotã era lugar perigoso, cenário de ameaça, mas a obediência não contorna a geografia do perigo e cumpre até o fim o seu mandato. Dotã, onde José gritou em vão (Gênesis 42:21), é o mesmo lugar em que Eliseu foi entrincheirado por inimigos, mas se achou visivelmente cercado pelos carros de Deus (2Reis 6:13-17). Por fim, aprendemos que mesmo quando sentimentos hostis são abrigados na família, isso não desfaz a relação de fraternidade. José não vai ao encontro de algozes, mas ao encontro de seus irmãos.

José se torna uma vítima indefesa da conspiração de seus irmãos: "De longe o viram e, antes que chegasse, conspiraram contra ele para o matar" (Gênesis 37:18). José não teve uma boa recepção. O ódio já transbordava no coração deles antes mesmo de José chegar. Eles o viram de longe, não como um portador do cuidado do pai, mas como um desafeto que precisava ser eliminado.

Lições importantes devem ser notadas aqui:

1. *O ódio paga o bem com o mal.* José foi a seus irmãos como um mensageiro de paz. Ele foi para lhes demonstrar o cuidado do pai. Mas seus irmãos maquinaram contra ele antes mesmo que ele chegasse e intentaram matá-lo.

2. *O ódio faz alianças malignas para o mal.* A conspiração é um acordo feito no subterrâneo da maldade para atingir alguém com violência. Os irmãos de José se aliançaram para o mal, não para o bem.

3. *O ódio faz registros distorcidos e negativos contra o próximo para prejudicá-lo.* Os irmãos de José já tinham rotulado o irmão como "o tal sonhador" (Gênesis 37:19). A única coisa que viam nos sonhos de José era o desejo de se levantar como chefe sobre eles.

Sentiam-se ameaçados por José. Faziam uma leitura falsa da realidade.

4. *O ódio usa toda a sua destreza para fazer o mal e escondê-lo* (Gênesis 37:20). Os irmãos de José pretendiam matá-lo e esconder o corpo numa cisterna. Queriam praticar um duplo crime: assassinato e ocultação de cadáver. Não fosse a intervenção de Rúben, José teria sido eliminado precocemente por seus irmãos (Gênesis 37:21-22). Rúben, sendo o irmão mais velho, tinha a obrigação de dar satisfação a seu pai do paradeiro de José. Era sua responsabilidade representar o pai na ausência deste.

Os irmãos de José deram mais um passo rumo à crueldade: despiram José de sua túnica. "Mas, logo que chegou José a seus irmãos, despiram-no da túnica, a túnica de mangas compridas que trazia" (Gênesis 37:23). A túnica de José era mais do que uma veste especial, era um emblema do amor diferenciado de Jacó por ele. Essa túnica mais perturbava os irmãos de José do que cobria seu corpo. Era o sinal da predileção de um pai por um filho em detrimento dos outros. Era uma agressão não apenas aos olhos, mas uma flecha envenenada cravada no coração dos outros filhos de Jacó. O simples fato de José usar a túnica já causava um enorme desconforto neles. Era como se José não disfarçasse o fato de que era o mais amado.

A predileção de Jacó por José e a túnica que lhe dera eram as causas das maiores desavenças entre seus filhos. Os filhos de Lia, Bila e Zilpa engoliam seco essa amarga realidade. Por isso, quando José chegou em Dotã, o primeiro sinal da vingança contra José foi despi-lo da túnica. Não uma túnica qualquer, mas a de mangas compridas que trazia o emblema da acepção de filhos naquela família patriarcal. Como afirma Bruce Waltke: "Ao despirem José da túnica, seus irmãos pensaram que estavam destronando o filho régio (Gênesis 37:3)".[1]

É evidente que Jacó não foi sensato em materializar seu amor maior a José naquela túnica. Um pai nunca deve amar um filho mais do que a outro. Um pai nunca dever provocar ciúme entre os filhos. Ao contrário, deve costurar a amizade entre eles. O sofrimento de Jacó e as injustiças sofridas por José estão estreitamente conectados com essa postura do pai das doze tribos de Israel.

A crueldade parece não ter limites. Os irmãos de José avançaram açodadamente na sua sanha de despejar contra José o seu ódio empapuçado de ciúmes. "E, tomando-o, o lançaram na cisterna, vazia, sem água" (Gênesis 37:24). A crueldade dos irmãos de José não foi apenas emocional, mas também física. Não apenas

---

[1] WALTKE. *Gênesis*, p. 622.

o despojaram de sua túnica como também o lançaram na cisterna vazia, sem água. Uma cisterna é uma espécie de masmorra (Gênesis 40:15; Jeremias 38:6). Enquanto se assentaram para comer pão (Gênesis 37:25), José angustiado de alma, rogava a eles para acudi-lo; porém, não atenderam ao seu clamor (Gênesis 42:21). Num momento, a maldade parece prevalecer sobre o bem, o ódio parece alcançar vantagem sobre o amor e a injustiça parece ganhar de goleada da retidão. Os irmãos de José, por inveja, o jogaram naquele buraco. Imaginavam que assim estariam matando os seus sonhos. Pensaram com isso privá-lo para sempre do pai amoroso e afastá-lo definitivamente de seu caminho. Aquela cisterna era o símbolo mais vívido da maldade dos irmãos de José. Era a forma mais grotesca de lhe imporem uma humilhação esmagadora. José sentiu-se agredido por quem deveria protegê-lo. Sentiu o descaso de seus irmãos diante de seu clamor por socorro. Não só fizeram violência a José como não se enterneceram diante das suas pungentes súplicas. O ódio empurra as pessoas para o buraco. Ele não apenas quer o que é do outro, mas anseia eliminar o outro. A cisterna de José tornou-se o mais escuro calabouço de seus irmãos. José saiu da cisterna, mas seus irmãos viveram vinte e dois anos atormentados na masmorra da culpa.

Capítulo 3

JOSÉ, O ESCRAVO

Depois de despojarem José de sua túnica, lançá-lo no poço e taparem os ouvidos ao seu clamor, os irmãos de José dão mais um passo rumo à crueldade. Agora, resolvem vendê-lo como escravo (Gênesis 37:25-30).

Com insensível indiferença ante os gritos de José naquela nua masmorra (Gênesis 42:21), seus irmãos desfrutaram de uma refeição sem qualquer remorso (Gênesis 37:25). É digno de nota que a próxima refeição deles registrada na Palavra seria na presença de José, com ele à cabeceira da mesa (Gênesis 43:32-34). Enquanto comiam, viram uma caravana de ismaelitas se aproximando. Os ismaelitas (Gênesis 37:25) e os midianitas (v. 28,36) são designações alternadas para o mesmo grupo de comerciantes (Gênesis 39:1; Juízes 8:24-26). "Ismaelita" era um termo inclusivo, abrangendo os primos nômades, como o termo "árabe" abarca numerosas nações em nossa maneira de falar. O uso alternado, então, pode ser em parte para variar e em parte para registrar que José foi vendido a um povo de fora da aliança.[1] Os ismaelitas são os descendentes de Ismael (filho de Abraão com Agar) e os midianitas eram descendentes de Midiã (filho de Abraão com Quetura). Os midianitas eram parte dos ismaelitas.[2]

Nessa negociação, Judá emerge como líder. Seu discurso a seus irmãos no clímax desta cena se põe em contraste com os discursos ineficientes de Rúben antes (Gênesis 37:21-22) e depois (v. 30). Judá argumenta com seus irmãos: "De que nos aproveita matar o nosso irmão e esconder-lhe o sangue?" (v. 26).

A proposta de Judá substitui um mal por outro, ou seja, a morte de José pela venda dele: "Vinde, vendamo-lo aos ismaelitas" (v. 27). Rubén já havia intentado, sem sucesso, livrar José da morte, a fim de devolvê-lo ao pai (v. 21-22). Agora, Judá demove seus irmãos de matar José, oferecendo-lhes a proposta de vendê-lo para uma caravana de ismaelitas que vinham de Gileade rumo ao Egito (v. 25-26).

Judá argumentou que não havia qualquer proveito em matá-lo nem colocar as mãos nele, uma vez que José era irmão deles e carne deles. O argumento de Judá prevaleceu e concordaram em não matar José. Judá, por outro lado, sabe que a presença de José entre

[1] KIDNER. *Gênesis*, p. 170.
[2] BRÄUMER. *Gênesis*, p. 175.

eles será sempre uma nuvem interposta no caminho. Então, conclamou os irmãos a se unirem para vendê--lo aos ismaelitas.

O plano de Judá foi aceito e José foi vendido: "E passando os mercadores midianitas, os irmãos de José o alçaram, e o tiraram da cisterna, e o venderam por vinte siclos de prata aos ismaelitas; estes levaram José ao Egito" (Gênesis 37:28). Livingston diz que os vinte siclos de prata não eram moedas, mas peças de metal pesadas em balança.[3] É digno de nota que o preço normal de um escravo no tempo de Moisés era de trinta siclos de prata (Êxodo 21:32; Zacarias 11:12; Mateus 26:15). José foi vendido por um preço inferior ao valor de um escravo.

Os irmãos de José entraram no desumano tráfico de escravos. Eles viram seu irmão como mercadoria a ser vendida, e não como um ser humano a ser amado. Olharam para José como um objeto a ser comercializado, e não como um ente de sangue a ser protegido. Olharam para José como objeto de exploração, e não como um indivíduo digno de investimentos. Fizeram dele um produto para auferirem vantagens, e não um alvo de seu amor. A comercialização de escravos tem sido uma mancha horrenda na história das civilizações.

---

[3] LIVINGSTON, George H. *O Livro de Gênesis*. Em PRICE, Ross; GRAY, C. Paul; GRIDER, J. Kenneth; SWIN, Roy. *Comentário Bíblico Beacon*, vol. 1, p. 108.

Tanto no antigo Egito como nas civilizações ocidentais, homens e mulheres foram vendidos como ferramentas vivas para atender à ganância insaciável dos poderosos. Triste saga!

Rúben não participou dessa transação. Ao voltar à cisterna e não encontrar seu irmão, ficou desesperado. Rasgou as vestes e, com perplexidade, disse: "Não está lá o menino; e, eu, para onde irei?" (Gênesis 37:29-30). Por ser o primogênito, cabia a ele dar explicações a seu pai sobre o paradeiro de José.

Depois de venderem José como escravo, seus irmãos tinham, agora, um sério problema. Como explicar seu sumiço? Onde estaria ele? Onde procurá-lo? Então, deram mais um passo no crime. Forjaram uma situação de desastre. Maquinaram uma trama macabra. Enviaram para Jacó a túnica de José molhada de sangue: "Então, tomaram a túnica de José, mataram um bode e a molharam no sangue" (Gênesis 37:31).

Bruce Waltke diz que as fraudes anteriores de Jacó cobram um preço terrível. Assim como enganara seu pai com as peles de cabrito e as roupas de Esaú (Gênesis 27:9,16), agora fora enganado com o sangue de cabrito e a roupa de seu filho.[4]

A venda de José como escravo aos ismaelitas foi consumada. Seus irmãos embolsaram o valor e viram

---

[4] WALTKE. Gênesis, p. 624.

seu irmão desaparecer nas curvas da estrada rumo ao Egito. Se não era fácil se livrar de José, mais difícil ainda seria encarar Jacó. Precisariam de um bom álibi para escapar desse bárbaro crime. Então, resolveram enviar a túnica de José a Jacó (Gênesis 37:32). Não tiveram coragem de encarar o pai olho no olho. A fim de apagarem todas as pistas, os irmãos fizeram a túnica ensanguentada de José passar primeiro por mãos e casas alheias antes de chegar ao pai. O desvio tomado pela túnica manchada de sangue era uma manobra para despistar. O próprio Jacó deveria concluir que acontecera uma tragédia. Os irmãos queriam ocultar o que tinham feito.

Demonstraram pouca consideração pelo pai e nenhum afeto pelo irmão, porque uma suposta morte violenta de José nem sequer os tirou de Dotã para irem ao encontro do pai aflito. A túnica de José tingida de sangue não apenas fez Jacó desistir de procurar seu filho amado, como atormentou seus irmãos por longos anos. Para que José fosse chamado de salvador do mundo, sua túnica precisou ser tingida de sangue. Dois mil anos depois, Jesus, o Filho amado de Deus, para ser o nosso Salvador, teve sua túnica tingida de sangue, não de bode, mas de seu próprio. Pelo seu sangue recebemos vida. Pelo seu sangue fomos reconciliados com Deus. Pelo seu sangue temos entrada segura no céu.

Quando Jacó recebeu a túnica de seu filho amado, lamentou profundamente: "É a túnica do meu filho [...] e lamentou o filho por muitos dias" (Gênesis 37:33-34). Os irmãos de José não foram cruéis apenas com José, mas sobretudo com Jacó, seu pai. Com a túnica ensopada de sangue, enviaram o seguinte recado: "Achamos isto; vê se é ou não a túnica de teu filho" (v. 32). Eles mataram José no coração, antes de vendê-lo como escravo. Eles chamaram José de filho de Jacó e não de "nosso irmão". Foram desumanos com José e gelados com Jacó. O velho patriarca, que nesse tempo tinha 108 anos, reconheceu a túnica de José: "É a túnica de meu filho; um animal selvagem o terá comido, certamente José foi despedaçado" (v. 33). Jacó olha fixamente para a túnica ensanguentada e dá três gritos de terror. Em todos eles, aparece o nome de José, o filho que amava acima de todas as outras coisas.

O luto de Jacó foi doloroso. Assim está escrito: "Então, Jacó rasgou as suas vestes, e se cingiu de pano-saco, e lamentou o filho por muitos dias" (v. 34). Do ponto de vista humano, Jacó está colhendo o que plantou. Ele semeou a cizânia em sua casa e estava colhendo a safra dolorosa da ausência do filho amado e da presença indiferente dos filhos não amados. Do ponto de vista divino, um plano maior, soberano e eficaz estava sendo executado por intermédio de uma providência carrancuda. A insensatez e a maldade humana não podem anular os desígnios de Deus. Os planos de Deus não podem ser frustrados. A maldade dos filhos de Jacó foi revertida em bênção, e o choro de Jacó foi transformado em abundante consolo.

A frieza amarga dos irmãos de José tem seu ápice quando, hipocritamente, escondendo seu crime, foram a Jacó para consolá-lo acerca de José. Esse foi um falso consolo. *É como um assassino que mata seu desafeto numa tocaia e vai ao funeral chorar.* "Levantaram-se todos os seus filhos [...] para o consolarem; ele, porém, recusou-se a ser consolado" (v. 35). O pecado sempre levará você mais longe do que gostaria de ir, reterá você mais tempo do que gostaria de ficar e lhe custará um preço mais caro do que você gostaria de pagar. Os irmãos de José jamais poderiam ter imaginado que a ferida que causavam no coração de seu pai seria incurável. Jamais teriam pensado que, depois de vinte e dois anos, o crime que cometeram ainda estaria vivo na memória. Jamais imaginariam que se transformariam em hipócritas contumazes, a ponto de ver o sofrimento de Jacó e manter uma mentira por tanto anos.

Vale destacar que todos os filhos de Jacó se levantaram para consolar o velho patriarca. Diná e suas sobrinhas tentaram, também, em vão, pacificar a alma atribulada de Jacó. O falso consolo não é consolo. Jacó disse a seus filhos que, chorando, desceria a José até à sepultura. E de fato, o chorou (v. 35). É deplorável que mesmo diante do sofrimento alheio, alguns corações se endureçam a ponto de serem os agentes do mal e, ao mesmo tempo, pretensos agentes do consolo. Eles fizeram a ferida no coração do pai e queriam curá-la com um falso consolo. Não lograram êxito. Teriam que conviver com os gritos não ouvidos de José, a tristeza de Jacó e o chicote impiedoso da culpa a atormentá-los.

José foi arrancado violentamente do convívio com o pai e vendido pelos irmãos como escravo; agora, seria revendido no Egito como uma mercadoria humana. "Entrementes, os midianitas venderam José no Egito a Potifar, oficial de faraó, comandante da guarda" (v. 36).

O choro de Jacó por José, porém, era infundado, pois ele não estava morto, mas abrindo o caminho para uma gloriosa história regida pela mão invisível da providência divina, ainda que um caminho juncado de espinhos. José seria ser levantado por Deus. Mas antes de colocá-lo no trono do Egito, Deus o colocou no deserto da prova. Depois de se sentir um objeto descartável nas mãos dos irmãos, agora foi revendido no Egito como uma mercadoria barata. José era um objeto, uma coisa, um produto comercial. Aqueles que o compraram de seus irmãos lucraram, vendendo-o para Potifar, o oficial de faraó, comandante da guarda.

Aqui fica claro que a mão invisível de Deus está agindo nos bastidores. José se aproximava do centro nevrálgico do poder. Foi para a casa de um homem que tem influência no império egípcio. Serviria alguém que liderava a soldadesca que protegia o afamado faraó. Nos planos de Deus não têm acaso. Não há sorte nem azar. Nas palavras do poeta William Cowper, "por trás de toda providência carrancuda, esconde-se a face sorridente de Deus". A casa de Potifar foi o campo do primeiro treinamento de Deus dado a José. Ali ele se destacou e, saindo da posição de escravo, tornou-se um líder carismático e administrador hábil. Ali foi tentado, provado e aprovado. Mesmo sendo acusado injustamente e lançado no cárcere, saiu vitorioso.

CAPÍTULO 4

JOSÉ, O SONHADOR

José era um sonhador. Seus sonhos não o matricularam na escola do sucesso, mas na academia do quebrantamento. Os sonhos de José atiçaram ainda mais o ódio de seus irmãos (Gênesis 37:5-10). Ele teve dois sonhos metafóricos ou parabólicos, com a mesma estrutura e mensagem. O primeiro sonho falava do seu feixe e dos feixes de sua família: enquanto atavam feixes no campo, o feixe de José ficou em pé, e os feixes de seus irmãos se inclinaram perante o seu (v. 5-8). Seus irmãos foram os intérpretes desse sonho. O segundo sonho estava relacionado aos astros: o sol, a lua e onze estrelas se inclinavam perante ele (v. 9-10). Seu pai foi o intérprete do segundo sonho. É digno de nota que estes são os primeiros sonhos na Bíblia nos quais Deus não fala (cf. Gênesis 20:3; 28:12-15; 31:11,24).

Os sonhos de José não eram delírios de juventude, mas revelações divinas acerca do que aconteceria no futuro com a família de Jacó. Nesses sonhos, José foi apresentado como o grande líder da família e todos os seus irmãos se curvariam perante ele (Gênesis 42:6; 43:26,28; 44:14). Os sonhos de José se tornaram o pesadelo de seus irmãos. O fato de ele não guardar esses sonhos para si e compartilhá-los com seu pai e seus irmãos agravou a já difícil relação com esses irmãos. Passaram a odiar José ainda mais (Gênesis 37:5). Está escrito: "E com isso tanto mais o odiavam, por causa dos seus sonhos e de suas palavras" (v. 8). José chegou a ser repreendido por seu pai, quando este disse: "Acaso viremos, eu e tua mãe e teus irmãos, a inclinar-nos perante ti em terra?" (v. 10).

Os sonhos de José, durante treze anos, pareceram um verdadeiro pesadelo. A providência se tornou carrancuda antes de a face de Deus sorrir para ele. O tempo de Deus não é o nosso. O moinho de Deus mói devagar, mas mói fino. Deus não tem pressa em preparar os grandes líderes. José passou boa parte da juventude sendo arrastado de um lado para o outro sob as fortes rajadas dos ventos contrários. Seus sonhos não fizeram, a início, seus irmãos se curvarem diante dele, mas sobre ele. Não o reverenciaram, mas o despiram e o jogaram numa cisterna. Não o honraram, mas o venderam como escravo. Sua honra tornou-se desonra. Sua projeção transformou-se em humilhação. Seu prestígio colapsou diante da crueldade de seus irmãos.

Os sonhos de José afastaram-no para longe da honra de sua família. Até pareciam não passar de devaneios.

Durante três anos, José foi do pináculo do reconhecimento às profundezas de uma injusta acusação. Saiu da honrosa posição de mordomo da casa de Potifar para o amargor de um cárcere imundo. Seus melhores dias juvenis não foram aspergidos pelo orvalho do reconhecimento, mas pelo calor asfixiante de uma prisão insalubre.

Os sonhos de José, entretanto, mantiveram inabalável sua confiança em Deus. Ele foi um jovem fiel na casa de seu pai, na casa de Potifar e também na prisão. Ele não negociou seus valores. Ele não hesitou em sua conduta. Manteve-se afinado pelo mesmo diapasão de integridade. Muito embora tenha sofrido os esbarros da violência desumana dentro e fora da família, o Senhor era com ele em todas as circunstâncias.

Os sonhos de José não morreram asfixiados pelas circunstâncias adversas. Seus sonhos o mantiveram vivo e com os olhos no foco. Mais tarde, chegou a afirmar que seus irmãos intentaram o mal contra ele, mas Deus transformou esse mal em bem para a própria preservação da vida deles (Gênesis 50:20).

Vemos essa mesma realidade na vida de Davi. Ele foi ungido rei sobre Israel pelo profeta Samuel. Sua unção, porém, não o colocou imediatamente no trono; em vez disso, matriculou-o na escola do sofrimento. Davi foi amassado como barro pelas mãos invisíveis da providência. Deus usou a mão pesada de Saul para arrancar de Davi toda autoconfiança, a fim de que Davi não se tornasse um segundo Saul. Davi aprendeu a viver nos vales, nas cavernas e nos desertos para tonificar as musculaturas de sua alma, a fim de que fosse um guerreiro destemido e experiente.

John Bunyan foi preso na Inglaterra no século 17. Seu crime foi pregar o evangelho em praça pública. Ficou quatorze anos na prisão de Bedford. Das grades de sua prisão insalubre, viu sua filha cega passando privações. Seu sofrimento atroz, entretanto, não o destruiu. Foi nesse calabouço que ele escreveu um dos maiores clássicos da literatura cristã, um dos livros mais lidos no mundo: *O Peregrino*.

Fanny Crosby é considerada a maior compositora cristã de todos os tempos. Ela viveu 92 anos. Compôs mais de quatro mil hinos. Conhecia praticamente de cor o Novo Testamento. Essa ilustre compositora ficou cega na sexta semana de vida. Passou toda a vida mergulhada em densa escuridão, mas transformou essa situação desafiadora num instrumento de bênção para milhões de pessoas. Ainda hoje somos consolados por suas canções:

Que segurança tenho em Jesus,
Pois nele gozo paz, vida e luz!
Com Cristo herdeiro, Deus me aceitou
Mediante o Filho que me salvou.

Paulo estava preso em Roma. Seus planos não aconteceram como ele desejara, mas o plano de Deus não foi frustrado. Paulo chegou a dizer que as coisas que lhe aconteceram contribuíram para o progresso do evangelho (Filipenses 1:12). Porque estava preso, a igreja foi mais encorajada a pregar. Porque estava algemado, toda a guarda pretoriana — a guarda de elite do imperador — tomou conhecimento de suas cadeias em Cristo. Porque estava encerrado em prisão, não podendo viajar, escreveu quatro cartas que compõem o cânon das Escrituras (Efésios, Filipenses, Colossenses e Filemom).Quando nossos sonhos parecem estar morrendo, Deus os reaviva. Não somos guiados por vista, mas por fé. Os planos de Deus são os nossos melhores sonhos. Os sonhos de José tornaram-se realidade. Os sonhos de José não morreram, antes, mantiveram-no vivo. Deus ainda planta sonhos em nosso coração e realiza--os para o louvor de sua glória e o bem do seu povo!

CAPÍTULO 5

JOSÉ, O MORDOMO

Gênesis 39:1 recapitula a narrativa que havia sido terminada em Gênesis 37:36, fazendo uma transição do "vendido" (37:36) para o "comprado" (39:1). Um adolescente, amado pelo pai, odiado pelos irmãos e vendido por vinte siclos de prata é arrematado no Egito pelo oficial de faraó, o comandante da guarda real. A mão invisível da providência estava tecendo um dos mais belos quadros da história. O jovem que vivia no anonimato das montanhas de Hebrom, em Canaã, está agora no centro nevrálgico do mundo, sendo preparado pelo próprio Deus para ser o governador do Egito.

George Livingston destaca que as reações de José ao estresse e infortúnio foram notadamente diferentes das expressadas pelos seus irmãos quando enfrentaram situações difíceis. Eles tinham reagido com fortes sentimentos negativos, envolvendo ciúme, concupiscência e ódio, que resultaram em assassinato (Gênesis 34:25), incesto (Gênesis 35:22), tramas de morte seguidas da venda à escravidão (Gênesis 37:20-28), inflexível logro de seu pai (Gênesis 37:31-33) e imoralidade irresponsável (Gênesis 38:15-26). Em contraste com os irmãos, José era um jovem de extraordinária força moral que não se entregou à amargura, autopiedade ou desespero. Venceu as dificuldades com corajoso senso de responsabilidade e altos valores morais.[1]

O levantamento de José ao poder segue uma via acidentada, pois, nessa cena, ele é exaltado ao mais alto nível na casa de seu senhor para em seguida ser novamente humilhado, e humilhado ao extremo. Destacaremos aqui algumas lições de suma importância e preciosidade.

O SENHOR DIRIGE AS CIRCUNSTÂNCIAS EM FAVOR DE JOSÉ

José foi levado ao Egito, o presente do Nilo, o celeiro do mundo, a terra das pirâmides milenares, e não a um lugar qualquer. José, passado de mão em mão, é vendido a Potifar, oficial de faraó, o comandante da guarda real, e colocado no centro nevrálgico do poder, no maior império do mundo. Concordo com Waltke quando diz que o título completo de Potifar é dado para enfatizar sua importância e para assinalar o primeiro passo na exaltação de José.[2]

---

[1] LIVINGSTON. *O Livro de Gênesis*, p. 111.
[2] WALTKE. *Gênesis*, p. 643.

O primeiro título de Potifar é "oficial do faraó". A palavra hebraica *saris*, traduzida nessa passagem por "oficial", significa "eunuco" e "funcionário da corte". O comentarista bíblico Braumer defende a ideia de que Potifar era, ao mesmo tempo, eunuco e alto oficial da corte (cf. Atos 8:27). Não era incomum na época eunucos serem também casados.

O segundo título "comandante da guarda real", *sar chatabachim*, significa literalmente "comandante dos carniceiros" ou "comandante dos carrascos". Potifar era o comandante dos soldados responsáveis por executar condenados à morte. Em sua função como comandante da guarda, Potifar também era o responsável pela prisão real.[3]

O comentarista bíblico Henry Morris afirma que, como Potifar era um homem casado, é provável que tenha consentido em se tornar eunuco depois de casado para alcançar o alto ofício, ou que sua mulher tenha se casado com ele por razões políticas ou financeiras, em vez de uma normal relação marital. Em ambas as possibilidades, isso poderia induzir a mulher a episódios periódicos de adultério.[4]

---

[3] BRÄUMER. *Gênesis*, p. 181,183.
[4] MORRIS, Henry M. *The Genesis Record*, p. 559.

O SENHOR ERA COM JOSÉ NA CASA DE POTIFAR

José, guiado pela mão divina, é colocado bem próximo do trono do Egito. O texto bíblico é enfático: "O Senhor era com José, que veio a ser homem próspero; e estava na casa do seu senhor egípcio" (Gênesis 39:2). A comunhão íntima entre Deus e José é mais do que estar debaixo da proteção divina. Trata-se de uma ligação que, da parte de José, é retribuída com fé e adoração.[5] Ainda que a situação de José mudasse drasticamente, a relação de Deus com ele permaneceu a mesma. O Senhor era com ele. A família patriarcal, a família da aliança, sempre experimentou a benfazeja presença de Deus, e isso nas circunstâncias mais adversas (Gênesis 26:3,24,28; 28:15,29; 31:3).

Nós não enxergamos depois da curva. As dobras do futuro estão fora do nosso alcance. O plano humano era rasteiro, nefasto e humilhante para José. Para seus irmãos, para os ismaelitas e para Potifar, José não passava de uma mercadoria, um objeto de consumo. Porém, no plano divino, uma história emocionante estava sendo escrita. José não era uma vítima, mas o protagonista de um plano maior, traçado pelo próprio Deus. Não obstante as circunstâncias desfavoráveis, Deus conduzia os passos desse jovem sonhador.

[5] BRÄUMER. *Gênesis*, p. 206.

Destacamos aqui fatos solenes:
1. *Deus dirige as circunstâncias em favor de José* (Gênesis 39:1). José foi levado ao Egito, o celeiro do mundo, e não a um lugar qualquer. José é vendido a Potifar, o oficial de faraó, e colocado no centro nevrálgico do poder, no maior império do mundo.
2. *Deus era com José* (v. 2a). Ele enfrentou a carranca de seus irmãos, mas recebeu o sorriso de Deus. Suportou o ódio de seus irmãos, mas foi alvo do amor de Deus. Sofreu as consequências da inveja de seus irmãos, mas recebeu o afago dos braços de Deus. Mesmo sendo um escravo no Egito, Deus era com ele.
3. *Deus fez de José um homem próspero* (v. 2b). Tudo em que José colocava as mãos prosperava. Por intermédio dele, bênçãos divinas fluíam às pessoas à sua volta. Fica claro que não é o lugar que faz o homem, mas o homem faz o lugar. Mesmo debaixo da opressão humana, é possível perceber a presença de Deus e ser próspero.
4. *Deus fez de José um homem leal* (v. 2c). José não insurgiu contra Potifar. Não fugiu nem praguejou. Ele floresceu onde foi plantado. Foi um mordomo leal ao seu senhor desde o dia que entrou em sua casa até ao dia que foi lançado, injustamente, na prisão. Sua presença na casa de Potifar foi abençoadora.

JOSÉ, MORDOMO ABENÇOADOR

José honrou a Deus e Deus honrou José. O testemunho desse jovem escravo na casa de Potifar tornou-se notório:

> Vendo Potifar que o Senhor era com ele e que tudo o que ele fazia o SENHOR prosperava em suas mãos, logrou José mercê perante ele, a quem servia (Gênesis 39:3-4).

Potifar tinha conhecimento das convicções religiosas de José. O jovem hebreu estava sobre a casa de Potifar, mas sob a bênção e a orientação do Senhor.

É a presença de Deus que traz prosperidade, e não a prosperidade que traz a presença de Deus. É evidente que Deus vem primeiro e a prosperidade vem como consequência. Hoje, muitas pessoas substituem Deus pelas dádivas de Deus. Querem as bênçãos mais do que o abençoador. Porque José colocou Deus em primeiro lugar em sua vida, as demais coisas lhe foram acrescentadas.

Potifar colocou José como administrador de tudo que tinha em sua casa e no campo. Tudo lhe foi confiado. José passou a ser o procurador geral da casa. Antes, José só cumpria ordens; agora, tomava decisões. O relacionamento de José com Potifar passou de dependência para equivalência. Deus abençoou a casa de Potifar por amor de José (Gênesis 39:5). A bênção de Deus estava não apenas sobre José, mas jorrava por meio dele para a casa de Potifar. Este não precisava se preocupar com nada mais, exceto o pão com que se alimentava (v. 6), pois, para os egípcios, comer com os hebreus era considerado uma abominação (cf. Gênesis 43:32). Assim como José, nós também somos mordomos. Somos mordomos de Deus. A vida, a família e os bens que estão em nossas mãos pertencem a Deus. Devemos ser zelosos nessa administração. Cuidamos daquilo que pertence a Deus. Ele requer de nós fidelidade nessa administração (1Coríntios 4:1-2).

O Senhor era com José no cárcere

Antes de José subir ao trono, primeiro precisou passar pela escola do quebrantamento. Antes de galgar as alturas do reconhecimento, precisou descer às profundezas da humilhação. Se não bastasse ser mercadoria nas mãos de seus irmãos e escravo no Egito; se não bastasse ser acusado injustamente e jogado na prisão, ainda "apertaram seus pés com grilhões e o puseram em ferros" (Salmos 105:17-18).

A presença de Deus não pode ser simplesmente equiparada ao sucesso constante e à felicidade permanente. A proximidade de Deus e a ligação com Deus não equivalem sempre à proteção contra sofrimentos, mas à proteção em meio ao sofrimento. Deus não remove o sofrimento de José, porém, permanece com ele em meio ao sofrimento (Gênesis 39:21). Mesmo que as circunstâncias tenham fugido do controle de José, não fugiram do controle divino. A providência foi carrancuda, mas a face de Deus era sorridente para ele. Todas essas amargas experiências faziam parte do enredo traçado na eternidade pelo onipotente braço de Deus para preparar esse jovem hebreu para ser o príncipe do Egito. José não foi poupado do sofrimento, mas no sofrimento. Deus o provou para aprová-lo. Suas tribulações tonificaram as musculaturas de sua alma para que ele ocupasse o trono do Egito. A prisão foi uma escola onde José aprendeu a esperar no Senhor até que Deus, a seu tempo, fizesse justiça e realizasse seus sonhos. É trágico quando alguém alcança o sucesso antes de estar preparado para ele. É pela fé e paciência que herdamos as promessas (Hebreus 6:12; 10:36; Romanos 5:3-4).[6]

JOSÉ SE TORNA SUPERVISOR DA PRISÃO

O mesmo Deus que fora com José enquanto mordomo na casa de Potifar é benigno com ele na prisão. José se torna o administrador do presídio. Foi Deus quem deu

---

[6] WIERSBE. *Comentário bíblico expositivo*, p. 192.

mercê a José perante o carcereiro. Assim como Potifar depositou toda a confiança em José como mordomo de sua casa, agora o carcereiro confia a ele todos os presos do cárcere. José tornou-se o administrador da prisão, e com tanta eficiência que o carcereiro não precisava mais ter qualquer cuidado (Gênesis 39:22-23). Enquanto a esposa de Potifar viu em José uma figura masculina para satisfazer seu desejo sexual, o carcereiro visualizou um prisioneiro-modelo e confiável em quem podia depositar responsabilidade.

A razão da eficácia de José estava no fato de Deus estar com ele. Deus o fazia prosperar (Gênesis 39:23b). Porque José foi fiel a Deus em sua casa, Deus o honrou. Porque José foi fiel a Deus na casa de seu senhor, Deus o livrou. Porque José honrou a Deus na prisão, ele se destacou dentre seus pares e ganhou o respeito dos superiores.

A narrativa bíblica credita a Deus todas as vantagens de José. Deus controlou o futuro de José. O jovem hebreu deveria confiar no cuidado de Deus mesmo em face do tratamento injusto. Ele estava aprendendo a se desvencilhar dos mantos e a confiar que o Senhor o vestiria com dignidade e honra.

José é bênção por onde passa. Floresce onde está plantado. Não é o lugar que determina seus valores. Ele não é produto do meio, ao contrário, ele influencia o ambiente em que vive e o transforma. José anda com

Deus e Deus é com ele, nem sempre para livrá-lo das adversidades, mas sempre para livrá-lo nas adversidades. As adversidades não vêm para destruir José, mas para fortalecer seu caráter e tonificar as musculaturas da sua alma. Deus usa as circunstâncias carrancudas para alçar José a voos mais altos.

Capítulo 6

José, o assediado

Não existe ninguém que tenha passado por esta terra, incluindo Jesus Cristo, que não tenha enfrentado tentação. E não há uma única pessoa, exceto Cristo, que não tenha cedido a ela uma ou outra vez e sofrido as consequências. Dietrich Bonhoeffer, com clareza diáfana, descreve o poder da tentação nestas palavras:

> Em nossos membros há uma inclinação latente em direção ao desejo, a qual é tanto súbita quanto impetuosa. Com irresistível poder, o desejo domina a carne. De repente, um fogo secreto, sem chamas, se acende. [...] A lascívia assim despertada envolve a mente e a vontade do homem na mais negra escuridão. Os poderes da clara discriminação e da decisão são removidos de nós.[1]

---

[1] BONHOEFFER, Dietrich. *Temptation*, p. 116-117.

José não foi poupado da tentação: "José era formoso de porte e de aparência. Aconteceu, depois destas coisas, que a mulher de seu senhor pôs os olhos em José e lhe disse: Deita-te comigo" (Gênesis 39:6b-7). Foi uma abordagem direta. A esposa de Potifar era audaciosa e desavergonhadamente agressiva. Seu apelo a José foi: "Venha para cama comigo. Vamos fazer sexo". A senhora da casa é escrava de sua própria luxúria ante o escravo de seu esposo.

No antigo Egito, as mulheres usavam um vestido justo com alças que ia até os tornozelos, mas que praticamente não escondia o corpo, deixando os seios total ou parcialmente descobertos. A liberdade que a mulher desfrutava no antigo Egito também lhe permitia uma liberalidade maior na área sexual, se assim o desejasse.[2] Se for considerada a hipótese de que o termo "oficial" (Gênesis 39:1) usado para designar Potifar significa "eunuco", pode-se supor uma grande carência afetiva por parte dessa mulher.

José era um jovem de 17 anos quando foi levado para o Egito (Gênesis 37:2). Era formoso de porte e de aparência (Gênesis 39:6). Era ainda um líder carismático (Gênesis 39:2-5). Tudo isso despertou a atenção de sua patroa. A mulher de Potifar ficou por longo tempo observando esse jovem estrangeiro e escravo.

[2] BRÄUMER. *Gênesis*, p. 208.

Via sua destreza na administração da casa e do campo. Via como tudo em suas mãos prosperava. Via como seu marido ia abrindo portas e mais portas para ele, confiando, cada vez mais, tudo o que possuía em suas mãos. Tudo isso encheu os olhos da mulher. A admiração transformou-se em desejo proibido. O desejo secreto irrompeu como um vulcão no coração dela, que, sem rodeios, jogou seus galanteios sobre José, chamando-o para a cama. O escravo José, comprado por dinheiro, agora é cobiçado pela mulher do seu senhor. Ela não se contenta em alimentar uma admiração secreta, mas objetivamente convida-o a romper seus princípios e valores e deitar-se com ela. Na verdade, a mulher exigiu que José tivesse relações sexuais com ela.

A tentação é um convite ao pecado. É uma oferta de prazer efêmero. É uma proposta que apela aos desejos. Não é pecado ser tentado, mas ceder à tentação é a porta de entrada para uma grande tragédia. A tentação sexual é ainda hoje um terreno escorregadio em que muitos homens de Deus tropeçam e caem. José, porém, permaneceu inabalável. Deus lhe deu escape e vitória!

José poderia elencar várias razões para justificar uma queda moral com a mulher de Potifar, seu patrão. Vejamos:

1. *José era adolescente* (Gênesis 39:2). Os psicólogos diriam: Esse é o tempo da autoafirmação. Os médicos diriam: Esse é o tempo da explosão dos hormônios. Os

jovens diriam: Ele precisa provar que é homem. José poderia dizer: O apelo foi irresistível. Mas idade nem sempre é sinal de imaturidade. José provou isso. Segundo a Palavra, os que guardam os preceitos divinos são mais sábios que os idosos (Salmos 119:100). Quando um jovem guarda a palavra de Deus em seu coração, Deus o livra da tentação, mesmo nos arroubos mais violentos da juventude (Salmos 119:9,11). Ninguém tem licença para pecar porque é jovem. Não há tentação que não tenhamos em Deus livramento. O problema que derruba o homem não é a força do pecado, mas a ausência de Deus.

Nossa cultura permissiva aplaudiria José se ele tivesse cedido aos encantos de sua patroa. Os valores estão invertidos. A pureza sexual é vista hoje como uma santarronice vitoriana e descabida. O sexo antes do casamento não é hoje uma exceção, mas a regra da sociedade escravizada pelo desejo. A grande mídia, as telenovelas, os filmes e o teatro cada vez mais fazem apologia da sexualidade sem compromisso e da subserviência ao império dos sentidos. A cultura decadente perverteu a sexualidade, arruinou os valores e jogou a humanidade numa pântano nauseabundo de promiscuidade. A erotização das crianças é hoje uma triste realidade. Cresce o número de adolescentes grávidas. O aborto é incentivado para deter o avanço descontrolado da gravidez sem planejamento. A infidelidade conjugal atinge níveis insuportáveis. É a sociedade pansexual. É o descalabro dos costumes, a bancarrota dos princípios e a falência da virtude.

2. *José era forte e bonito* (Gênesis 39:6). O texto bíblico diz que José era formoso de porte e de aparência. Era um jovem belo, inteligente, meigo e líder. Por isso, "a mulher colocou os olhos em José" (v. 7). José era um moço dotado de características atraentes. Ele era belo por fora e por dentro. Sua personalidade amável, seu caráter impoluto e sem jaça e sua beleza física exuberante fizeram dele o alvo da cobiça de sua patroa.

Quantos jovens usam seus dotes físicos para pecar contra o próprio corpo. Quem comete adultério peca contra o próprio corpo. Arruína sua própria carne. Destrói sua autoimagem. Profana o templo do Espírito Santo. Devemos olhar o belo não com desejo lascivo, mas com gratidão ao Criador. Devemos admirar a bela obra criada por Deus, em vez de fazer dela um caminho escorregadio para nossos pés e um laço para nossa alma. A mulher de Potifar viu José e o cobiçou. Ela rompeu todos os limites da decência para levar para a cama o objeto de seu desejo pecaminoso. A beleza física e o sexo, na cultura do endeusamento do prazer, têm sido um produto exposto na vitrine dos desejos, com propósitos levianos.

Hugh M. Hefner (1926-2017), fundador e editor-chefe da mais famosa revista erótica do mundo, a

Playboy, lançada em dezembro de 1953, influenciou desastradamente a sexualidade do mundo ocidental. Dono de um império financeiro, usou jovens bonitas para vender revistas pornográficas e implantar a cultura do prazer sexual sem compromisso, sem restrições e sem barreiras. Playboy Mansion West, em Los Angeles, Califórnia, tornou-se um antro de promiscuidade e drogas que arruinou centenas de jovens, deixando um rastro de tragédias indescritíveis. A beleza física não deve ser um produto para se expor com o propósito de auferir lucro ou prazer irresponsável. O corpo é uma dádiva de Deus e propriedade de Deus. Devemos, portanto, glorificar a Deus no corpo (1Coríntios 6:20).

3. *José estava longe da família* (Gênesis 39:1). José não tinha ninguém por perto para vigiá-lo. Ele já havia sofrido com a traição dos irmãos. O pai não estava ali para cobrar nada. Ninguém o conhecia para se escandalizar com suas decisões. O compromisso de José, porém, não era com a opinião pública. Sua fidelidade não tinha a ver com popularidade ou reputação social. Seus valores estavam plantados em solo mais firme. Seu compromisso era com Deus e consigo. José não era um ator nem um hipócrita. Seu comportamento era coerente perto ou longe da família. Ele não tinha duas caras, duas atitudes. Havia consistência em sua vida. Muitos jovens ao saírem de casa para estudar ou trabalhar, longe da família, abrem mão de seus valores, abaixam

a guarda e passam a flertar com o pecado. Muitos se perdem nesse labirinto. Outros caem na lábia da sedução barata e se tornam prisioneiros no cipoal do álcool, das drogas, das festas mundanas e das paixões carnais. Há aqueles que, à cata de experiências arrebatadoras, à semelhança do filho pródigo, lançam-se em aventuras perigosas e arruínam sua vida, desperdiçando seus bens, sua juventude e seus sonhos numa vida dissoluta.

4. *José era escravo* (Gênesis 39:1). Era sua própria patroa que o seduzia. José podia pensar que, afinal de contas, não tinha nada a perder e ainda: "um escravo só tem que obedecer". Entretanto, José entendeu que Potifar lhe havia confiado tudo em sua casa, menos sua mulher. José sabia que a traição conjugal é uma facada nas costas, uma deslealdade que abre feridas incuráveis. Ele estava pronto a perder sua liberdade, mas não a consciência pura. Estava pronto a morrer, mas não a pecar. A condição social de um indivíduo não determina o seu comportamento. O filósofo John Locke estava equivocado quando disse que o homem é produto do meio. O meio é produto do homem. O homem influencia o meio. José era escravo, mas não massa de manobra. Era escravo, mas não capacho das paixões de sua patroa. Era escravo de Potifar, mas não amante de sua patroa. Era escravo no Egito, mas não escravo do pecado. Atitude igual teve Daniel na Babilônia. Ele resolveu firmemente, em seu coração, não se contaminar

(Daniel 1:8). Mesmo correndo o risco de ser preso ou mesmo morto por sua postura, preferiu manter sua consciência afinada pelo diapasão da verdade. Essa decisão precisa ser tomada previamente. Não se decide essas coisas no fragor da tentação. É uma decisão cuja raízes devem estar firmadas no solo do compromisso inegociável com a santidade.

5. *José foi tentado diariamente* (Gênesis 39:7,10). Não foi José quem procurou a mulher de Potifar, jogando galanteios em cima dela. Foi a mulher que lhe dizia todos os dias: "Deita-te comigo". José poderia ter racionalizado e dito para si mesmo: "Se eu não for para a cama com ela, perco o emprego e ainda posso ser preso". Mas José não cedeu à tentação. Ele agiu de forma diferente de Sansão, que não resistiu à tentação e, por pressão, foi tomado por uma impaciência de matar e naufragou no abismo do pecado. José não abriu espaço em seu coração para flertar com o pecado. Ele não ficou paquerando o pecado, acariciando-o no coração. Sua atitude foi firme a despeito da insistência da sua patroa.

A vigilância constante é o preço da liberdade. O diabo é um tentador perigoso. Ele tem um variado arsenal. Tem muitas artimanhas. Suas ciladas são estratagemas para apanhar os incautos. Ele vive ao nosso redor, como um leão que ruge, para nos espantar e nos apanhar com seu bote fatal. Ele conhece nossos pontos fracos e nossos supostos pontos fortes. Mesmo depois de vencermos alguns *rounds*, ele volta à tona, usando novos métodos para tentar nos apanhar em sua teia infernal. Foi assim que ele fez com Jesus. Depois que o Senhor o venceu no deserto, ele voltou com novas baterias, usando novos métodos. Precisamos de cautela. Precisamos de vigilância. Precisamos redobrar nossa atenção. Devemos nos sujeitar a Deus e resistir ao diabo.

6. *José foi agarrado* (Gênesis 39:11-12). José podia dizer: "Eu fiz o que estava em meu alcance. Se eu não cedesse, o escândalo seria maior". José preferiu estar na prisão com a consciência limpa do que estar em liberdade na cama da patroa e com a consciência culpada. Ele perdeu a liberdade, mas não a dignidade. Ele resistiu ao pecado até o sangue. José manteve-se firme por entender a presença de Deus (Gênesis 39:2-3) e a bênção de Deus em sua vida (v. 5), também por entender que o adultério é maldade contra o cônjuge traído e um grave pecado contra Deus (v. 9). Em relação às paixões carnais, o segredo da vitória não é resistir, mas fugir. José fugiu e, mesmo indo para a prisão, escapou da maior de todas as prisões: a prisão da culpa e do pecado. A culpa é um calabouço escuro. É um pelourinho no qual a pessoa é atormentada todos os dias com o chicote do sofrimento.

Certa feita, fui chamado para orar por uma senhora viúva de quase 80 anos. Ela vivera sessenta anos em tristeza crônica. A família havia buscado todos os recursos da medicina e em nenhum exame era identificado a causa da tristeza que a consumia a olhos vistos. Depois de uma longa conversa, ela destampou sua alma e abriu a caverna escura do seu coração. Contou-me que havia traído seu noivo. Ele nunca descobrira. Já era viúva havia muitos anos, mas durante sessenta anos aquele pecado estava vivo em sua memória. Sentia-se atormentada todos os dias pelo azorrague da culpa. Sua vida era um tormento. Sua alma estava de luto. Vivera prisioneira por sessenta anos na masmorra do pecado. Falei então para ela sobre a graça perdoadora de Deus. Ela se rendeu a Cristo e o sorriso, fruto do perdão divino, brotou em seus lábios depois de seis décadas.

José não cedeu à tentação sutil nem à abordagem veemente. Estava pronto a ser preso, mas não a pecar. Estava pronto a perder privilégios, mas não a negociar seus valores. Estava pronto a sofrer as consequências de suas escolhas, mas não a manchar sua consciência.

James Montgomery Boice, abordando a forte tentação que José sofreu, menciona seis razões que a tornaram ainda mais perigosa e fizeram a vitória de José ainda mais significativa:

- Foi uma tentação forte porque apelou para um desejo natural. Não há pecado em ter desejo

sexual. O sexo em si mesmo é puro, bom e legítimo. Porém, só deve ser desfrutado no contexto do casamento.
- Foi uma tentação forte porque veio quando José era jovem, belo e estava fora de casa.
- Foi uma tentação forte porque veio de uma importante mulher. Mesmo sendo uma mulher ímpia, era sua patroa.
- Foi uma tentação forte porque aconteceu depois de uma importante promoção de José.
- Foi uma tentação forte porque era constante, feita repetidas vezes.
- Foi uma tentação forte porque ocorreu numa "perfeita oportunidade", quando José estava tratando dos negócios da casa, sem qualquer outro servo presente.[3]

RAZÕES PARA NÃO CEDER À TENTAÇÃO

Vejamos o registro bíblico: "Ele, porém, recusou e disse à mulher do seu senhor: [...] como cometeria eu tamanha maldade e pecaria contra Deus?" (Gênesis 39:8-9). A resposta de José foi um "não" enérgico e peremptório. O verbo hebraico *me'en*, traduzido por

---

[3] BOICE, James Montgomery. *Genesis*, vol. 3, p. 914-917.

"recusou", significa um "não querer decidido". José não diz somente "eu não quero", mas fala de forma dura e direta: "Não há a menor possibilidade", "sem chance alguma".[4]

Ser tentado não é pecado; pecado é ceder à tentação. José era jovem e estava longe de casa. Ninguém cobrava dele uma postura de castidade. Dizer não à sua patroa poderia lhe fechar portas, logo agora que estava sendo promovido. Porém, José resistiu à tentação e elencou três razões para não cair. Vejamos:

1. *A traição é uma gritante quebra de confiança.* "Ele, porém, recusou e disse à mulher do seu senhor: Tem-me por mordomo, o meu senhor, e não sabe do que há em casa, pois tudo o que tem me passou ele às minhas mãos" (Gênesis 39:8). Não se paga confiança com traição. Potifar havia confiado tudo que tinha nas mãos de José, exceto sua mulher, e este não poderia trair a confiança do senhor. Lealdade é a porta de entrada da honra. O adultério transforma um rio de água cristalina num esgoto, pessoas livres em escravos e depois em animais (Provérbios 5:15-23; 7:21-23). Aquilo que começa como "doçura" logo se torna veneno (Provérbios 5:1-14).

2. *A traição é uma enorme maldade ao cônjuge inocente.* "Ele não é maior do que eu nesta casa e nenhuma

---

[4] BRÄUMER. *Gênesis*, p. 209.

coisa me vedou, senão a ti, porque és sua mulher; como, pois, cometeria eu tamanha maldade?" (Gênesis 39:9ª). José não poderia pagar o bem com o mal. Ir para a cama com a mulher de Potifar era magoar ao extremo o homem que o honrava. A traição abre na alma da pessoa traída uma ferida profunda, de consequências devastadoras. A união de duas pessoas no casamento é autorrealização, mas a sedução ao adultério é autoexposição. O sexo no casamento é ordenança divina (1Coríntios 7:5), mas fora do casamento é ruína e autodestruição (Provérbios 6:32).

3. *A traição é um pecado contra Deus.* "[Como eu] pecaria contra Deus?" (Gênesis 39:9b). Todo pecado é contra Deus (Salmos 51:4). José não se curva ao poder da sedução nem atende à voz aveludada da tentação, por entender que ir para a cama com sua patroa era mais do que trair Potifar; era, sobretudo, conspirar contra o próprio Deus. José não era governado por sentimentos. Não deixou para resolver a questão na hora da tentação. Esses princípios já estavam claros em seu coração e ele não estava disposto a negociá-los.

José chamou a proposta indecorosa da mulher de Potifar de *maldade* e fez da verdade sua aliada ao relacionar tudo com *Deus* (Gênesis 39:9). Assim, demonstrou sua irrestrita lealdade a Potifar. José não fez provisão para o pecado, mas cultivou a piedade. Concordo com Dag Hammarskjold, quando disse: "Aquele que deseja manter em ordem o seu jardim não prepara um canteiro para as ervas daninhas".[5]

FUGIR É SER FORTE

José não apenas resistiu à tentação, mas resistiu-a todos os dias. A mulher de Potifar estava determinada a ir para a cama com ele, e José estava determinado a não lhe dar ouvidos. "Falando ela a José todos os dias, e não lhe dando ele ouvidos, para se deitar com ela e estar com ela" (Gênesis 39:10). Foi isto que atrapalhou Sansão duas vezes em sua carreira (Juízes 14:17; 16:16). Como uma víbora peçonhenta, espreitando-o, a mulher de Potifar aguardava o momento certo para dar o bote no jovem mordomo. Uma vez que José não escutava suas propostas, ela resolveu atacá-lo em secreto, quando não havia ninguém na casa: "Sucedeu que, certo dia, veio ele a casa, para atender aos negócios; e ninguém dos de casa se achava presente" (Gênesis 39:11). Ao agarrar José pelas vestes, apelou mais uma vez a ele: "Deita-te comigo". José, porém, deixando as vestes nas mãos dela, saiu, fugindo para fora (v. 12).

O mesmo José que já havia sido despido de sua túnica pelos seus irmãos (Gênesis 37:23), agora tem suas vestes arrancadas pela mulher de Potifar. A expressão

---

[5] HAMMARSKJOLD, Dag. *Markings.*, p. 15.

"ela o pegou pelas vestes" descreve um ato de violência. Normalmente, um homem rapta uma mulher pela força, com pouco diálogo, enquanto uma mulher violenta um homem com palavras sedutoras (Provérbios 5 e 7). O ataque masculino da mulher de Potifar em cima de José é único na Escritura. Derek Kidner sintetiza esse episódio assim:

> A primeira abordagem, com adulação e procurando impressionar (Gênesis 39:7); o longo atrito, pela constante reabertura da questão encerrada (39:10); e agora, a cilada final, onde se ganha ou se perde tudo num momento (39:12). A fuga de José, diversa da de um covarde, salvou sua honra à custa das suas perspectivas; atitude que o Novo Testamento recomenda (2Timóteo 2:22; 2Pedro 1:4).[6]

Em certas ocasiões, fugir pode ser sinal de covardia (Salmos 11:1-2; Neemias 6:11), no entanto, há momentos que fugir é prova de coragem e integridade. A Palavra de Deus nos ensina a resistir ao diabo (1Pedro 5:9), mas a fugir das paixões da mocidade (2Timóteo 2:22). No que concerne à tentação sexual, ser forte é fugir. Dialogar com o tentador e continuar na zona de perigo é insensatez. Nenhum de nós, por mais maduro

[6] KIDNER. *Gênesis*, p. 177.

na fé, conhece seus limites. José saiu daquele ambiente escorregadio. Ele preferiu correr todos os riscos e fugir com a consciência limpa do que ficar prisioneiro nas grossas correntes do pecado. Um fiapo frágil pode se tornar uma corrente grossa. Fuja!

ACUSADO, MAS INOCENTE

A mulher de Potifar agora se torna uma acusadora cruel. Charles Swindoll diz que cada centímetro da esposa de Potifar se transformou em fúria.[7] Seus desejos não satisfeitos transformam-se em ódio. Ela inverte os fatos. Sendo a sedutora, faz-se vítima de assédio moral. Ela tinha um álibi forte nas mãos, as vestes de José, mas a verdade não estava do seu lado (Gênesis 39:13,16). Sua acusação contra o jovem hebreu foi avassaladora, mas a inocência deste era indubitável. Sua paixão inflamada por José transformou-se em ódio vulcânico. Ela colocou os homens da casa (Gênesis 39:14-15) e seu marido contra José (v. 17-18).

Ao mesmo tempo que ela faz uma acusação indireta ao marido por ter trazido José, apimenta a tensão, lançando mão da xenofobia: "Chamou pelos homens de sua casa e lhes disse: Vede, trouxe-nos meu marido este hebreu para insultar-nos; veio até mim para se deitar

---

[7] SWINDOLL. *José*, p. 48.

comigo; mas eu gritei em alta voz" (Gênesis 39:14). É óbvio que a caracterização direta de José como hebreu é um apelo à inveja e à xenofobia dos servos egípcios. Ela insinua antissemitismo. Em seguida, acusa José de "insultá-la". O verbo aqui traduzido como "insultar", *zachak*, significa "fazer jogos eróticos". Ela diz que José se aproximou dela de tal forma que seus propósitos sexuais se mostraram de maneira inequívoca.[8]

Potifar, ao ouvir o relato de sua mulher acerca do "atentado" que ela havia sofrido da parte de José, ficou extremamente irado (Gênesis 39:19). O resultado foi a prisão imediata de José no cárcere em que ficavam os prisioneiros do rei (v. 20). A lembrança desse episódio preservada no registro bíblico corrige qualquer ideia de que José teve recepção amável: "Adiante deles enviou um homem, José, vendido como escravo; cujos pés apertaram com grilhões e a quem puseram em ferros" (Salmos 105:17-18).[9]

A maioria dos comentaristas bíblicos diz que a tentativa de estupro era uma ofensa capital. Por isso, o castigo mais brando pressupõe que Potifar não acreditava totalmente na esposa. Provavelmente conhecia seu caráter.[10] Braumer é mais enfático: "Se Potifar ti-

---

[8] BRÄUMER. *Gênesis*, p. 211.
[9] KIDNER. *Gênesis*, p. 178.
[10] WALTKE. *Gênesis*, p. 646.

vesse acreditado em sua mulher, teria sido obrigado a condenar José à morte, a mutilá-lo ou, no mínimo, a vendê-lo para um trabalho escravo inferior.[11]

Na prisão, José passou vários anos. Ele preferiu viver como um prisioneiro e ter a consciência limpa a viver em liberdade sob as algemas do pecado e da culpa. O pecado é o mais cruel castigo, e a culpa, a mais severa prisão. Transigir com o pecado é uma loucura. Ceder à tentação é uma tragédia. O prazer imediato do pecado não compensa seu tormento constante. A verdade prevaleceu e, mesmo na prisão, José era o mais livre dos homens. A inocência de José foi comprovada e a mentira da mulher de Potifar veio à tona. Nada é mais forte do que uma mentira, exceto a verdade!

---

[11] BRÄUMER. *Gênesis*, p. 213.

CAPÍTULO 7

JOSÉ, O INTÉRPRETE DE SONHOS

Não há informações disponíveis sobre quantos anos se passaram desde a chegada de José ao Egito até sua prisão. Não há registro sobre o tempo que ele ficou na casa de Potifar nem mesmo quanto tempo passou preso. O jovem sonhador via seus sonhos se transformando em pesadelos, pois os anos se passavam e ele continuava no cárcere, uma fortaleza circundada por um muro. De repente, um fato novo acontece. São mandados para o cárcere em que José estava preso o copeiro-chefe e o padeiro-chefe de faraó. Os dois presos são funcionários do alto escalão egípcio. Ambos eram chefes. A palavra hebraica usada aqui, *sarim*, significa literalmente "príncipes".[1]

---

[1] BRÄUMER. *Gênesis*, p. 215.

Esses dois oficiais, o copeiro-chefe e o padeiro-chefe, eram altamente considerados. Possivelmente eram ricos e exerciam influência política (cf. Neemias 1:11). Eles cuidavam da bebida e da comida do rei. Ambos administravam o alimento do faraó a partir de suas funções domésticas: o copeiro servia o vinho diretamente no copo real; o padeiro, o pão e os bolos em sua mesa. Ambos tinham íntimo acesso ao faraó e ambos podiam exercer um papel sinistro numa conspiração contra ele. O copeiro-chefe, por exemplo, era a pessoa que experimentava o vinho antes de o rei beber. Desse modo, se a bebida estivesse envenenada, "adeus, copeiro", mas "vida longa ao faraó!".

Tanto o copeiro-chefe como o padeiro-chefe haviam ofendido seu senhor, o rei do Egito. Faraó se indignou contra eles e mandou detê-los na casa do comandante da guarda, no mesmo cárcere em que José estava preso. Como José já tinha sido colocado como administrador da prisão, o supervisor que organizava as atividades diárias dos prisioneiros (Gênesis 39:20-23), esses dois oficiais do rei foram entregues para servi-lo. José passou a agir no lugar do carcereiro (v. 22). Ele deu assistência àqueles que davam assistência ao faraó.

OS SONHOS DO COPEIRO-CHEFE E DO PADEIRO-CHEFE DE FARAÓ

Uma das tarefas de José na prisão era verificar, todas as manhãs, como estavam os presos sob seus cuidados e se tinham alguma necessidade. Certa noite, esses dois homens tiveram um sonho enigmático e acordaram perturbados e tristes porque não entendiam o significado do sonho nem encontraram ninguém capaz de interpretá-lo.

É nesse momento que José chega e os vê entristecidos. Ele pergunta: "Por que tendes, hoje, triste o semblante?" (Gênesis 40:7). Eles responderam: "Tivemos um sonho, e não há quem o possa interpretar. Disse-lhes José: Porventura, não pertencem a Deus as interpretações? Contai-me o sonho" (v. 8). Henry Morris diz que, nos dias modernos, psicanalistas como Sigmund Freud devotaram muito estudo aos sonhos, considerando-os reflexo de desejos e frustrações do subconsciente humano. Do ponto de vista científico, os sonhos ainda estão longe de serem plenamente compreendidos, seja em relação à sua causa, seja quanto ao significado.[2]

José, ao ouvir os sonhos dos prisioneiros, não arroga para si a capacidade de interpretação, mas

---

[2] MORRIS. *The Genesis Record*, p. 570.

afirma a suficiência de Deus para dar entendimento e interpretação aos sonhos. Deus confere o dom a quem quer (Gênesis 41:16; Daniel 2:24-49). José compreende que a sabedoria não vem do ser humano, mas de Deus. Pessoas são apenas instrumentos para manifestar o poder de Deus, e não a fonte desse poder. José tributa a Deus toda a glória em vez de exaltar a si mesmo. A humildade era o seu distintivo e apanágio. José havia compreendido o princípio de que Deus não divide a sua glória com ninguém (Gênesis 39:9; 41:16,51,52; 45:8).

Bruce Waltke diz que os três pares de sonhos — de José (Gênesis 37:5-11), do copeiro e do padeiro (Gênesis 40:1-23) e de faraó (Gênesis 41:1-40) — mostram que Deus soberanamente controla o destino (Gênesis 41:28). Aqui está um conhecimento que se acha fora do poder imperial.[3] O mesmo autor destaca ainda que a capacidade de José de interpretar sonhos também lhe forneceu capacidade de interpretar a providência (Gênesis 45:5-8; 50:20). A ela pertencem autoridade e poder mais elevados que os do próprio faraó (Gênesis 40:8; 41:16,25,28,32).[4]

---

[3] WALTKE. *Gênesis*, p. 652.
[4] WALTKE. *Gênesis*, p. 655.

JOSÉ INTERPRETA O SONHO DO COPEIRO-CHEFE

Embora esses sonhos tenham vindo em pares, o significado de cada, no entanto, é diferente. O sonho do copeiro é metafórico ou parabólico, isto é, ele contém informações sem trazer orientação divina direta. O copeiro narra o sonho a José (Gênesis 40:9-11), que lhe dá a interpretação (v. 12-13).

O sonho do copeiro tinha a ver com sua atividade. O chefe dos copeiros precisava supervisionar todo o processo de produção do vinho. No sonho dele, a plantação de uvas, o processo de fabricação do vinho e o momento da entrega do copo ao faraó acontecem como em um filme acelerado. A posição do copeiro-chefe era um cargo de confiança especial em virtude da constante ameaça de tentativas de assassinato por envenenamento. O copeiro-chefe acompanhava o faraó até mesmo nas campanhas militares (cf. 1Reis 10:5; Neemias 1:11; 2:1).

O contexto do sonho é a vida profissional do copeiro. Na metáfora, ele vê as uvas amadurecendo, espreme-as no copo do faraó e entrega-o ao seu senhor. A partir da metáfora, José retrata uma ação bem-sucedida e constata a inocência do copeiro. Os três ramos da videira representavam três dias. Dentro de três dias, o copeiro-chefe seria reconduzido ao seu posto de honra.

Como o sonho do copeiro apontava para sua completa absolvição em três dias, José aproveita o ensejo para pedir a ele que se lembrasse de sua causa junto ao faraó, uma vez que estava preso injustamente (Gênesis 40:14-15). No seu pleito, José ressalta o aspecto ilegal da sua escravização, sem mencionar o crime da venda cometido por seus irmãos. José também defende sua inocência em relação ao que aconteceu na casa de Potifar. Ele não tinha feito nada que justificasse seu encarceramento.

JOSÉ INTERPRETA O SONHO DO PADEIRO-CHEFE

O padeiro estava atemorizado uma vez que sua culpa era real. Só contou seu sonho depois de ver que a interpretação do sonho do copeiro era boa (Gênesis 40:16).

O sonho do padeiro-chefe era também um sonho metafórico. O contexto é sua vida profissional. Na metáfora ou parábola, o padeiro leva três cestos sobre a cabeça. Os pássaros comem a comida que está no cesto superior. O padeiro não consegue servir a comida ao rei. José percebe que o sonho contém punição ou medo, e vê nisso a culpa do padeiro. A padaria real era supervisionada pelo padeiro-chefe. Suas tarefas incluíam inspecionar a moedura do trigo, preparar as massas, moldar pães e bolos e levar os produtos prontos até a corte do faraó.

O sonho do padeiro-chefe tinha a ver, portanto, com sua atividade. O padeiro transportava três cestos sobre a cabeça. No cesto mais alto, havia todos os manjares de faraó, arte de padeiro. Antes, porém, de o faraó saborear esses manjares que iam no cesto superior, as aves os comiam diretamente de sobre sua cabeça (Gênesis 40:17). Os três cestos também falavam de três dias. Porém, o destino do padeiro-chefe seria diametralmente oposto ao do copeiro-chefe. Em três dias, ele seria decapitado por ordem do faraó, e seu corpo seria exposto numa estaca até que as aves comessem sua carne, enquanto o copeiro-chefe seria reconduzido ao seu posto de honra.

Como José destaca em sua interpretação para o padeiro-chefe, a cabeça levantada não representa reabilitação, mas execução e vilipêndio de seu cadáver. Bräumer diz que o vilipêndio do cadáver demonstra uma dureza extrema na condenação, especialmente entre os egípcios, que costumavam lidar de forma muito cuidadosa com os corpos dos mortos.[5]

O CUMPRIMENTO DOS SONHOS

O terceiro dia apontado pelos sonhos e interpretado por José era o dia do aniversário do faraó (Gênesis 40:20).

[5] BRÄUMER. *Gênesis*, p. 221.

Ele deu um banquete a todos os seus servos, e no meio do banquete reabilitou o copeiro-chefe e condenou o padeiro-chefe. O copeiro-chefe teve novamente a honra de servi-lo, mas o padeiro-chefe foi enforcado, como José havia interpretado (v. 21-22).

O PEDIDO ESQUECIDO

O pedido de José ao copeiro-chefe, para se lembrar dele junto ao faraó (Gênesis 40:14-15), caiu no esquecimento (v. 23). A gratidão tem memória curta. Lembrar-se de algo, *sachar* em hebraico, significa "guardar uma informação, a fim de agir de acordo com ela no tempo devido". Mas se esquecer de alguém, *shachach*, significa "estar tão repleto de algo que não tem espaço para mais nada". O copeiro-chefe ficou tão ocupado com suas tarefas que se esqueceu logo da boa ação que José lhe tinha prestado e do pedido feito.[6] O esquecimento do copeiro-chefe não foi um lapso mental, e sim um lapso moral. Egoisticamente, ele não se deu ao trabalho de "lembrar-se" de sua condição anterior e do favor que recebeu.

Deus não esquece seu povo quando nós esquecemos. Nós esquecemos os outros. Nós esquecemos o próprio Deus. Nós esquecemos que Deus não se

---

[6] BRÄUMER. *Gênesis*, p. 222.

esquece. Como resultado, ficamos amargos e deixamos de ser maduros como José. James Montgomery Boice sugere três lições sobre o esquecimento do copeiro-chefe de faraó. A primeira é que devemos parar de colocar a nossa confiança em pessoas (Isaías 2:22; Jeremias17:5). A segunda é que a desilusão com os outros deve nos levar para o amor e a fidelidade de Deus (Salmos 118:8; 146:3,5,6; Provérbios 3:5-6; 2Timóteo 2:13). A terceira é que devemos esperar em Deus, pois o seu tempo de agir não é o nosso tempo.[7]

O esquecimento do copeiro-chefe de faraó estava também dentro do cronograma divino. José continuou na prisão mais dois anos (Gênesis 41:1). Por que Deus não tirou José da prisão, quando este queria sair de lá? Por que Deus permite que um homem inocente sofra agruras tão injustas? Deus não tirou José da prisão porque, nesses dois anos, Ele estava construindo a rampa ao palácio, para José sair do cárcere e ser príncipe e governador do Egito.

O capítulo 41 do livro de Gênesis é como uma dobradiça na vida de José. Fecha os anos de humilhação e dá início aos anos de exaltação. José sai da masmorra para o palácio; do cárcere para o trono. Em todo esse tempo, Deus esteve trabalhando por José, mesmo

[7] BOICE. *Genesis*, p. 958-960.

quando a providência era sombria. Como diz James Montgomery Boice, "nosso Deus é o Deus de todas as circunstâncias".[8] G. Frederick Owen escreveu sobre José:

> Uma tentativa de sedução; um plano diabólico; ingratidão desprezível; a prisão com todos os seus horrores. Todavia, sua impecável varonilidade, sua fidelidade em fazer o que era reto, sua lealdade ao Deus de seus pais levaram o jovem ao palácio – ele tornou-se governador na terra dos faraós.[9]

Vejamos o caminho que Deus usou para exaltar José.

OS SONHOS DE FARAÓ

Dois anos depois que o copeiro-chefe do faraó havia sido libertado da prisão e reconduzido ao seu honroso posto, conforme José havia lhe dito, o faraó teve dois sonhos. Ambos da mesma natureza, com o mesmo significado. Assim como os dois sonhos de José e os sonhos do copeiro-chefe e do padeiro-chefe, os dois sonhos de faraó são também metafóricos. Sonhos metafóricos normalmente não têm falas nem contêm uma

---

[8] BOICE. *Genesis*, p. 963.
[9] OWEN, F. Frederick. *Abraham to the Middle-East Crises*, p. 29.

orientação direta de Deus. Consistem antes em imagens, figuras e eventos.[10] No primeiro sonho, o faraó está em pé junto ao rio Nilo quando viu sete vacas formosas e gordas que subiam do rio e pastavam no carriçal. Depois viu sete vacas feias e magras que pararam junto às primeiras, na margem do rio. As vacas feias e magras comeram as sete vacas formosas e gordas. O faraó acordou. Tornou a dormir e sonhou outra vez. Agora, de uma só haste de cereal saíam sete espigas cheias e boas. E após elas nasciam sete espigas mirradas, crestadas do vento oriental. As espigas mirradas devoravam as sete espigas grandes e cheias. O faraó acordou de seu sonho. De manhã, com espírito perturbado, convocou todos os magos do Egito, ou seja, os peritos em manusear os livros rituais do ofício sacerdotal e da magia (cf. Êxodo 7:11), e contou-lhes os sonhos. Mas ninguém pôde lhe dar a interpretação destes.

A LEMBRANÇA DO COPEIRO-CHEFE

Diante do fracasso dos magos e sábios da poderosa nação do Egito, o copeiro-chefe do faraó lembrou-se de José, uma vez que tinha uma dívida de gratidão com ele, e contou ao faraó sua experiência na prisão vivida havia

---

[10] BRÄUMER. *Gênesis*, p. 238.

dois anos (Gênesis 40:14; 41:1). Falou como José, um jovem hebreu, havia interpretado o seu sonho e o do padeiro-chefe, e como tudo acontecera rigorosamente como José havia dito. Na contagem humana, essa lembrança parecia atrasada, porém, no tempo oportuno de Deus, tudo estava no horário. O tempo de Deus não é o nosso. Ele nunca chega atrasado. Seu relógio nunca falha. Seus planos nunca são frustrados. Não há Deus como o nosso, que trabalha por aqueles que nele confiam.

Deus está assentado no trono e governa o destino de nossa vida. Nós não vemos no escuro nem conhecemos o futuro. Não enxergamos na curva, mas Deus vê o fim em seu eterno agora. Nosso futuro está em suas mãos. Quando Deus parece atrasado é porque está preparando algo maior e melhor para nós. Seus caminhos são mais elevados do que os nossos. Seus pensamentos são mais altos do que os nossos. O tempo do treinamento de José havia terminado. Porque se humilhara sob a poderosa mão de Deus, agora o próprio Deus o exaltaria.

José é levado ao faraó

Imediatamente faraó mandou buscar José na prisão. Fizeram-no sair às pressas, se barbear e mudar suas vestes. Matthew Henry diz que a ordem de faraó o libertou tanto de sua prisão quanto de sua servidão.[11] Quando José chegou à presença de faraó, este logo lhe relatou que teve um sonho e que ninguém fora capaz de interpretá-lo. Em seguida, faraó diz a José que tinha sido informado de que ele tinha poder de interpretar sonhos. José imediatamente corrige essa informação, respondendo: "Não está isto em mim; mas Deus dará resposta favorável a faraó" (Gênesis 41:16).

Três fatos chamam a atenção aqui:

1. *José respeita a dignidade de faraó* (Gênesis 41:14). Mesmo que os enviados de faraó tenham feito José sair às pressas da masmorra, ele se barbeou e mudou de roupa para se apresentar diante do rei. Com isso, ele demonstra respeito à dignidade do máximo governante daquele poderoso império. Como diz Henry Morris, José estaria na presença, provavelmente, do mais poderoso monarca do mundo.[12]

2. *José recusa honrarias indevidas* (Gênesis 41:15-16a). Quando faraó lhe faz desabridos elogios, por ter ouvido falar que ele podia interpretar sonhos ao ouvi--los, José dá uma reposta respeitosa, mas firme, e recusa o elogio: "Não está isso em mim" (v. 16a). José, com eloquente brevidade, passa de si para Deus, como o único

---

[11] HENRY, Matthew. *Comentário bíblico: Antigo Testamento, vol. 1: Gênesis a Deuteronômio*, p. 190.
[12] MORRIS. *The Genesis Record*, p. 579.

revelador, governador e benfeitor.[13] Essa atitude de José contrasta com os adivinhos pagãos, que se vangloriavam de possuir poderes próprios.[14]

3. *José aponta para Deus, dando-lhe a devida glória* (Gênesis 41:16b). "Deus dará resposta favorável a faraó." Como fizera antes com o copeiro e o padeiro (Gênesis 40:8), também agora José desvia os olhos de faraó do mediador humano para Deus (Gênesis 41:16,25,28,32). Somente Deus pode interpretar sonhos.[15]

JOSÉ DÁ A INTERPRETAÇÃO DOS SONHOS DE FARAÓ

O faraó relata seus sonhos a José, como relatara aos magos e sábios do Egito (Gênesis 41:1-7), acrescendo um fato novo na narrativa: "E, depois de terem engolido [as vacas gordas], não davam aparência de as terem devorado, pois o seu aspecto continuava ruim como no princípio" (v. 21).

Destacamos aqui três fatos:

1. *José revela a natureza dos sonhos* (Gênesis 41:25). Trata-se de dois sonhos com um único significado.

---

[13] KIDNER. *Gênesis*, p. 181.
[14] LIVINGSTON. *O Livro de Gênesis*, p. 113.
[15] BRÄUMER. *Gênesis*, p. 228.

Ambos apontam para os mesmos fatos, não podendo ser vistos por ângulos diferentes. A repetição e o paralelismo dos elementos representam firmeza e ênfase.

2. *O agente do sonho é Deus* (Gênesis 41:25). Tudo acontecerá da forma determinada por Deus. Sua decisão é irrevogável. Deus, portanto, manifestou ao faraó o que há de fazer. É digno de nota que o sonho do faraó não se refere a questões de sua vida pessoal, mas tinha implicações para todo o país sob seu governo. Seu país só seria protegido contra o pior — a morte pela fome — se ele desse ouvidos à advertência.

3. *José revela que os sonhos apontam para fatos futuros* (Gênesis 41:26-32). As sete vacas gordas e as sete espigas cheias apontam para sete anos de fartura e abundantes colheitas. As sete vacas magras e as sete espigas mirradas vaticinam sete anos de fome. Deus antecipa o conhecimento do futuro para que, no presente, medidas fossem tomadas, a fim de livrar o mundo da fome e da morte.

JOSÉ DÁ CONSELHOS AO FARAÓ

José passa de prisioneiro a conselheiro do faraó. Ele dá três conselhos ao rei:

1. *A escolher um homem ajuizado e sábio para ser o administrador geral do Egito* (Gênesis 41:33). José acentua dois atributos que um administrador geral precisa ter: juízo e sabedoria. É preciso ter a pessoa certa, no

lugar certo, na hora certa, para fazer a coisa certa com o propósito certo. Um administrador precisa ter a visão do farol alto. Precisa subir nos ombros dos gigantes e olhar para as circunstâncias com os olhos de Deus. Precisa ter juízo para não ser influenciado por mentes tacanhas nem se dobrar diante das pressões ou dificuldades da missão. Precisa ao mesmo tempo ser sábio, conjugando conhecimento e experiência.

2. *A estabelecer administradores regionais* (Gênesis 41:34). Um administrador geral precisa de bons gestores regionais. O poder não pode ser concentrado nem centralizado nas mãos de apenas uma pessoa. O poder compartilhado, com acompanhamento responsável, produz melhores resultados. Sob o comando de um líder maior, administradores eficientes eram fundamentais para o sucesso do projeto de armazenar toda a abundante safra nos sete anos de fartura. Ao aconselhar o faraó a constituir seu próprio corpo de funcionários, José deixa claro que o responsável continuará sendo o próprio faraó. Esses administradores deveriam recolher e armazenar um quinto de toda a produção (Gênesis 41:34b) porque, geralmente, em tempos de fartura, gasta-se quatro vezes mais que em um ano de fome. Um ano de fome pode ser superado com apenas um quinto da produção de um ano de abundância.

3. *A juntar alimento na fartura para não faltar nos anos de escassez* (Gênesis 41:35-36). Os administradores

regionais deveriam ajuntar, nos anos de fartura, toda a colheita debaixo do poder do faraó. Esse alimento, recolhido e acondicionado em armazéns nas cidades mais próximas dos campos produtivos, seria destinado para abastecer a terra nos sete anos da fome. Essas medidas tinham o propósito de evitar que a terra perecesse de fome. O princípio que José defende é que devemos ajuntar na abundância para não faltar na escassez. Bräumer diz que essa medida implica uma limitação à exportação. Na Antiguidade, o Egito era considerado o celeiro do mundo. A orientação de José é que o excesso obtido nos sete anos de abundância não deve ser convertido em dinheiro, mas guardado em armazéns nas cidades. O armazenamento não deveria ser feito em um celeiro central, mas localmente, para que a população vivesse sempre na reconfortante certeza de que os estoques visíveis de grãos eram uma garantia contra a falta no futuro.[16]

---

[16] BRÄUMER. *Gênesis*, p. 250.

Capítulo 8

José, o governador do Egito

José é constituído governador do Egito por faraó (Gênesis 41:37-46). José aconselha faraó, e este o nomeia como príncipe e vice-rei do Egito. A instalação de José como vice-rei sobre o Egito consiste em um ato público de instalação (v. 41-43) e o ato familiar de conferir um novo nome com a elevação à nobreza por meio de casamento (v. 44-45).

Destacamos aqui sete fatos importantes:

1. *O faraó destaca as qualificações de José* (Gênesis 41:37-39). O faraó enaltece José diante dos seus oficiais, reconhecendo que nele havia o Espírito de Deus (v. 38), e uma vez que Deus o fizera saber o que aconteceria no futuro, não haveria ninguém tão ajuizado e sábio quanto ele para ocupar o elevado ofício de administrador geral (v. 39). Bräumer diz que naquele tempo havia sete grandes chefes ou oficiais no Egito sobre os quais José foi constituído chefe-maior: o chefe dos juízes e carrascos (na época, ocupado por Potifar), o chefe

dos sacerdotes, o chefe dos copeiros, o chefe dos padeiros, o chefe dos celeiros, o chefe dos rebanhos e o chefe do tesouro.[1]

2. *O faraó confere poder a José* (Gênesis 41:40-41). José é nomeado administrar da casa de faraó. E mais: faraó o investe de autoridade sobre toda a terra do Egito. Todo o povo deveria obedecer às ordens de José. O povo não poderia escolher se queria ou não atender sua palavra; quando José falar, o povo só terá a opção de se submeter e obedecer. O silêncio de José diante de tantas honras revela que a providência, não José, é que provê tais honras. José deixa que outros o louvem e o exaltem em vez dele mesmo (cf. Provérbios 27:2).

3. *O faraó dá os símbolos de poder a José* (Gênesis 41:42). O faraó dá a José três objetos, símbolos do seu pleno poder.

Primeiro, o anel de sinete. Faraó tirou o anel de sinete de sua própria mão para pô-lo na mão de José. O anel de sinete levava a autoridade do rei. O anel é a coroação da mão, o sinal da mais alta dignidade. Esse anel não era apenas uma joia ou enfeite, mas servia para autenticar documentos oficiais. Ao receber o sinete real, José torna-se o real executor das decisões públicas do rei. Dessa forma, faraó declara José publicamente como

---

[1] BRÄUMER. *Gênesis*, p. 251-252.

seu substituto. O anel de sinete fez da mão de José a mão de faraó.

Segundo, as roupas de linho fino. Essas roupas eram usadas pelos sacerdotes. Trajando roupas de linho fino, José é guindado a uma posição superior à dos sacerdotes. Linho fino era também traje da corte. Warren Wiersbe destaca que treze anos antes, os irmãos de José haviam arrancado dele sua túnica especial, agora, faraó dá-lhe roupas de importância muito maior.[2]

Terceiro, o colar de ouro. O colar de ouro era o sinal que distinguia o chefe dos juízes. O colar de ouro demonstrava que José era o superior do chefe dos juízes. Resumindo, o anel, as roupas e o colar de ouro eram os sinais dos cargos assumidos pelo representante do faraó, do chefe dos sacerdotes e de todos os juízes.[3]

4. *O faraó apresenta José em público* (Gênesis 41:43). O faraó honrou e enalteceu José num cortejo público, ordenando que todos se inclinassem perante ele. Com essa apresentação pública, ele constituía José como governador sobre toda a terra do Egito.

5. *O faraó estabelece os limites do poder de José* (Gênesis 41:44). O faraó continua sendo rei, pois essa posição era intransferível, mas emprega toda sua autoridade para garantir que nenhum egípcio teria liberdade para

---

[2] WIERSBE. *Comentário bíblico expositivo*, p. 194.
[3] BRÄUMER. *Gênesis*, p. 255.

fazer qualquer coisa, grande ou pequena, que fosse contra a vontade de José.

6. *O faraó dá um novo nome a José* (Gênesis 41:45). Ao dar um novo nome a José, um nome egípcio, num importante cerimonial da corte, o faraó inclui o jovem hebreu definitivamente na vida egípcia e na corte. Para José, o novo nome, Zafenate-Paneia, cujo significado é "abundância de vida", era sinal de que ele havia alcançado uma posição de honra no Egito. Esse nome também significa "aquele que guarda o mistério, que tem a chave para o que é misterioso".[4]

7. *O faraó dá a José uma esposa* (Gênesis 41:45-46). Com seu casamento com Azenate, filha de Potífera, sacerdote de Om, José entra para a casta sacerdotal, ligando-se intimamente com a aristocracia do país.[5] Om ("Heliópolis", em grego) está situada a onze quilômetros a noroeste do Cairo. O sumo sacerdote em Om mantinha o exaltado título de "o maior dos videntes". José, assim, se casa no seio da nobre elite egípcia. A observação de que José "andou por toda a terra do Egito" (v. 46) salienta a energia pessoal da sua administração.

---

[4] BRÄUMER. *Gênesis*, p. 256.
[5] BRÄUMER. *Gênesis*, p. 257.

José administra o Egito nos anos de fartura e fome

A interpretação dos sonhos de faraó, conforme dada por José, cumpriram-se literalmente. Destacaremos quatro fatos importantes. **1.** *José armazena alimento nos anos de fartura* (Gênesis 41:47-49). Conforme José havia interpretado, nos sete anos de fartura a terra produziu abundantemente (v. 47). José não permitiu que nada fosse desperdiçado nos tempos de bonança. Ele ajuntou todo o mantimento durante os sete anos de abastança e o guardou nas cidades. As cidades próximas aos campos férteis eram celeiros de recolhimento e armazenamento das safras fartas (v. 48). Usando uma linguagem hiperbólica, José ajuntou muitíssimo cereal, como a areia do mar, até perder a conta, porque ia além das medidas (v. 49). Não é sábio desperdiçar só que porque se tem com fartura. O desperdício ou o gasto abusivo e esbanjador é insensata mordomia. O esbanjador joga fora o que vai precisar amanhã. O administrador tolo não recolhe todos os frutos nos tempos de bonança. José supervisionou não apenas o recolhimento dos cereais, mas também sua distribuição nos anos de fome.

2. *José não armazena mágoa em relação ao seu passado* (Gênesis 41:50-51). Embora tenha sido sua mãe que lhe dera o nome, é José quem dá nome a seus filhos. Os nomes de ambos os filhos louvam a Deus, primeiro por sua vida: o fim do velho, o potencial do novo. É digno de nota, ainda, que José dá a seus filhos nomes hebraicos, não egípcios. Depois que saiu do cárcere rumo ao trono, José não nutriu sede de vingança contra os que o fizeram amargar treze anos de sofrimento. Não começou uma caçada a seus irmãos para lhes dar o troco nem se insurgiu contra Potifar e sua mulher. Ao contrário, ao atingir o pico da fama, da riqueza e do poder, José ergueu um monumento vivo de perdão, chamando seu filho primogênito de "Manassés", cujo significado é: "Deus me fez esquecer de todos os meus trabalhos e de toda a casa de meu pai" (v. 51). José não se esqueceu de sua família nem dos acontecimentos que haviam ocorrido, mas se esqueceu da dor e do sofrimento que haviam lhe causado. José foi capacitado, pela graça de Deus, a apagar suas dores e memórias do passado e começar de novo. Não podemos administrar as circunstâncias que nos cercam mas podemos administrar nossos sentimentos. Não podemos administrar o que as pessoas fazem contra nós, mas podemos decidir como vamos reagir a essas ações. José escolheu guardar o seu coração da mágoa.

Deus tirou do coração de José as lembranças inconsoláveis e as memórias rancorosas. Manassés significa perdão. Portanto, sempre que José olhava para seu filho, trazia à memória sua decisão de esquecer os sofrimentos e as injustiças que lhe golpearam por treze anos. O perdão é uma necessidade vital para quem deseja uma vida vitoriosa. Quem não perdoa vive na pior das masmorras. O ódio mata, o perdão dá vida. O ódio mantém a pessoa prisioneira, o amor liberta. É impossível ter uma vida saudável e uma família saudável sem o exercício do perdão. Nutrir mágoa por alguém é como tomar um copo de veneno pensando que o outro é quem vai morrer. O perdão cura, liberta e restaura. O perdão é a assepsia da alma, a faxina da mente, a alforria do coração.

3. *José demonstra gratidão em relação ao seu presente e futuro* (Gênesis 41:52). O segundo filho de José é um monumento vivo da generosa providência divina. Se com o nascimento do primeiro filho ele olhou para trás e reconheceu que Deus o fez esquecer das injustiças sofridas, ao nascer o segundo filho, ele olhou para frente e reconheceu que foi a mão de Deus que o fez prosperar na terra de sua aflição. Enquanto Manassés significa "perdão", Efraim significa "duplamente frutífero". A prosperidade é resultado do perdão. Ninguém é verdadeiramente próspero até que esteja com o coração completamente livre de mágoa. A vida de José é uma trajetória de prosperidade. Foi próspero na casa do pai, na casa de Potifar, na prisão e no palácio. Aonde chegava, deixava trescalar o bom perfume de seu exemplo. As pessoas que viviam perto dele eram abençoadas por

essa convivência. Nele habitava o Espírito de Deus. Por meio dele fluíam as bênçãos de Deus. Mesmo quando estava sendo afligido, era um abençoador. Mesmo quando estava no cárcere, sua influência reverberava por entre as grades da prisão. Agora, depois de treinado na escola da aflição, é guindado ao trono para ser o provedor dos famintos, o salvador do mundo. José saiu das profundezas abissais da humilhação para as alturas excelsas da exaltação. Essa viagem rumo ao topo foi conduzida pela mão providente de Deus.

4. *José abre os celeiros do Egito e se torna o provedor do mundo nos anos de fome* (Gênesis 41:53-57). Os sete anos de fartura terminaram (v. 53). Os sete anos de fome, não só no Egito, mas em toda a terra, começaram, conforme José havia predito. Não obstante a escassez mundial, havia pão no Egito (v. 54). Quando a fome apertou no Egito, as pessoas recorreram a faraó, que ordenou o povo a procurar José (v. 55). No momento em que a fome apertou em todo o mundo, José abriu os celeiros e vendeu cereal aos egípcios (v. 56).

A fome estendia seus tentáculos além do Egito, e de todas as terras as pessoas vinham para comprar de José, porque a fome prevalecia em todo o mundo (v. 57). José tornou-se o provedor dos povos. Ele tinha pão com fartura em tempo de fome. Alimentava o povo de dentro e de fora do Egito. Sua provisão era abundante. Sua administração era sábia. Sua sabedoria, uma dádiva de Deus. Para aquele tempo de grande escassez, Deus levantou José. Para aquela hora de crise, Deus forjou o caráter de José na bigorna do sofrimento para que entendesse o drama das pessoas que vinham a ele. As circunstâncias foram tenebrosas na vida de José, mas sua luz, do pico dos montes, alumiou todos os povos. Porque ele não se insurgiu contra Deus no processo do treinamento, foi usado por Deus para salvar as nações da fome cruel. Concordo com Waltke, quando escreve: "José é o modelo para os que nasceram para governar".[6]

Charles Swindoll diz que ao observar os penosos anos anteriores da vida de José, e depois ver a recompensa que Deus derramou sobre ele, encontramos três princípios importantes: Primeiro, as aflições prolongadas não precisam nos desencorajar; segundo, as lembranças desagradáveis não precisam nos derrotar; terceiro, as grandes bênçãos não precisam nos desqualificar para o serviço.[7]

[6] WALTKE. *Gênesis*, p. 668.
[7] SWINDOLL. *José*, p. 107-108.

CAPÍTULO 9

JOSÉ E SEUS IRMÃOS

A fome assolava a terra e prevalecia em todo o mundo (Gênesis 41:56-57). De todos os lugares da terra, caravanas iam ao Egito, o celeiro do mundo, para comprar alimento. A fome atingiu também Canaã, e a família de Jacó está em apuros. Jacó não sabia nada sobre José, mas via caravanas carregadas de grãos chegando do Egito; por isso, toma a iniciativa para suprir sua família.

JACÓ ENVIA DEZ DE SEUS FILHOS AO EGITO

Deus usa a providência carrancuda para mostrar sua face sorridente a Jacó. A fome não assolou o mundo para matar a família de Jacó, mas para restaurá-la. A crise medonha não mostrou sua face cavernosa para destruí-los, mas para levá-los ao Egito. José não estava morto como pensava Jacó, mas era o governador do Egito. O filho por quem vertera tantas lágrimas havia vinte e dois anos, estaria vivo e honrado diante de seus olhos em poucos meses. Deus não só pouparia da fome e da morte os filhos da aliança como também os livraria de se contaminar com casamentos mistos com os cananitas.

A fome mundial cria a tela de fundo para o drama familiar que está para entrar em cena. Deus é o primeiro a agir aqui. José, o sábio administrador, opera com a providência para unir os irmãos. José, providencialmente, leva os irmãos ao arrependimento. Destacamos alguns pontos.

1. *Jacó toma conhecimento de que há provisão no Egito* (Gênesis 42:1a). A fome assolava o mundo, inclusive Canaã, mas o Egito tinha celeiros abarrotados de provisão para os famintos. Essa informação foi para Jacó um lampejo de esperança, providência suficiente para evitar que sua família perecesse de fome. A fome foi instrumento divino para levar a família patriarcal ao Egito. A fim de realizar seus propósitos, o Senhor pode usar uma época de fome, um rapto (2Reis 5:2-3), um concurso de beleza (Ester 2:1-20), um sonho (Daniel 2:1-49), uma peste (Joel 1:1-20) e até mesmo um censo do governo (Lucas 2:1-7).

2. *Jacó identifica a falta de iniciativa de seus filhos* (Gênesis 42:1b). Os filhos de Jacó estavam petrificados diante da crise medonha. Olhavam uns para os outros, sem iniciativa nem coragem para tomar uma decisão. Jacó então lhes diz: "Vocês estão esperando o quê? Mexam-se!". Mas o que os filhos de Jacó temiam? Serem

humilhados como estrangeiros na terra dos faraós, onde os governantes eram conhecidos por sua dureza com os estrangeiros? Será que a consciência deles os alfinetava pelo fato de terem vendido José como escravo a uma caravana dos ismaelitas que rumavam para o Egito?

3. *Jacó dá uma ordem expressa a seus filhos* (Gênesis 42:2-5). Jacó conta a seus filhos sobre as notícias alvissareiras vindas do Egito e lhes ordena a descer até lá para comprar dos egípcios cereais, a fim de que vivam e não pereçam pela fome (Gênesis 43:8). Os filhos obedecem prontamente e descem para comprar alimento no Egito. Era uma viagem longa, de mais de quatrocentos quilômetros. Jacó não enviou com ele o caçula, Benjamim. O texto deixa a entender que Jacó não confiava nos filhos para cuidarem do irmão mais novo. Acerca da culpa dos filhos, pouca dúvida restava a Jacó. Aos olhos de um pai, os crimes concretizados pelos filhos podiam ser acobertados, mas o caráter deles, não.

Assim, dentre as caravanas que desciam ao Egito para comprar comida estavam também os dez filhos de Israel, pois a fome já estava castigando também a terra de Canaã. Quando o narrador usa a expressão "filhos de Israel" (Gênesis 42:5), pressupõe sua identidade nacional, não sua identidade pessoal como filhos de Jacó. Os irmãos entram no Egito como uma nação embrionária; deixarão o Egito como uma nação poderosa.

José reconhece seus irmãos quando chegam no Egito.

José era o governador da terra do Egito, o homem que vendia alimento às caravanas estrangeiras. Ele era uma espécie de primeiro-ministro do Egito. Era o grande administrador que mantinha sob suas ordens os administradores regionais. Devido à sua elevada posição, as pessoas chegavam e se prostravam diante dele, e assim fizeram também seus irmãos (Gênesis 42:6).

Destacamos alguns pontos.

1. *José reconhece seus irmãos* (Gênesis 42:7a-8). José conheceu seus irmãos, mas não se deu a conhecer a eles. Havia vinte e dois anos que seus irmãos não o viam. José vestia trajes de nobreza e falava em língua egípcia com seus irmãos, por meio de intérpretes. Eles jamais poderiam imaginar que o governador do maior império do mundo era exatamente o jovem sonhador que haviam jogado numa cisterna e depois vendido por vinte siclos de prata. Não havia nada de familiar na figura de José que permitisse a seus irmãos o reconhecerem.

2. *José é pedagogicamente rude com seus irmãos* (Gênesis 42:7b). José usou vários expedientes pedagógicos para levar seus irmãos ao arrependimento e preparar o coração deles para a revelação de quem era. Sem convicção de pecado e arrependimento não há plena restauração. O arrependimento superficial leva a uma falsa

reconciliação. À primeira vista, as rudes manobras que dominam a cena até o fim do capítulo 44 de Gênesis têm aparência de espírito vingativo. Nada poderia ser mais natural, mas nada está mais longe da verdade. Por trás da dura atitude assumida havia caloroso afeto (Gênesis 42:24) e bondade irresistível. Mesmo as ameaças foram temperadas com a misericórdia (Gênesis 42:16-19; 44:9-10), e os choques aplicados tomaram a forma de embaraço, não de golpes. As táticas de José são duras, mas suas emoções são ternas.

3. *José se lembra de seus sonhos* (Gênesis 42:9a). Quando José viu seus irmãos prostrados diante dele, lembrou-se de seu primeiro sonho, em que os feixes de seus irmãos se curvavam diante do seu. O tema do segundo sonho era o resplendor e a honra que José já tinha alcançado. A lembrança dos sonhos não encheu José de orgulho e ódio, mas de gratidão pelo caminho em que Deus o conduzira. Os sonhos de José não eram devaneios de adolescente, mas revelação divina acerca do futuro.

4. *José prova a seus irmãos* (Gênesis 42:9b). José acusa seus irmãos de espiões, afirmando que vieram não para comprar alimento, mas para ver os pontos fracos da terra, a fim de saquear os celeiros. José acusou-os quatro vezes de estarem no Egito sob falsos pretextos (v. 9,12,14,16). Podia-se esperar que exércitos esfaimados

buscassem qualquer fraqueza nas fortificações, a fim de saquear o cereal armazenado.

5. *José escuta a primeira defesa de seus irmãos* (Gênesis 42:10-11). Os irmãos de José revelam humildade ao se apresentarem como servos. Eles se defendem dizendo que, em vez de espiões, eram pessoas necessitadas de alimento para sobreviver. Agregam à sua peça de defesa a informação de que eram todos filhos do mesmo pai e que eram homens honestos. A palavra hebraica traduzida por "honestos", *kenim*, deriva de um verbo cujo significado básico é "ser firme, direito". Os irmãos de José estão dizendo, portanto, que o seu "sim" é garantido. A sinceridade deles não é marcada por qualquer compromisso ou segunda intenção. Sua declaração se baseia na verdade.

6. *José insiste na acusação a seus irmãos* (Gênesis 42:12). José empareda e acua seus irmãos para arrancar deles informações sobre Benjamim, seu irmão, e sobre Jacó, seu pai. José sabe que uma revelação precoce de si mesmo a seus irmãos poderia ser prejudicial ao processo de restauração deles.

7. *José escuta a segunda defesa de seus irmãos* (Gênesis 42:13). Os irmãos de José acrescentam uma nova informação sobre sua identidade. Dizem que são doze irmãos e não apenas dez; são filhos de um homem na terra de Canaã. Então falam dos outros dois irmãos: "O mais novo está hoje com nosso pai, o outro já não

existe" (v. 13b). Agora José já está com todos os dados no tabuleiro. Seu pai está vivo e seu irmão caçula está na companhia do pai.

8. José reafirma a acusação e exige provas de seus irmãos (Gênesis 42:14-20). José usa a sabedoria que Deus lhe dera para tratar o coração de seus irmãos, a fim de produzir neles arrependimento para a vida. Que expedientes usou?

Primeiro, José acusa-os pela terceira vez de espionagem (v. 9,12,14). Ele quer despertar neles a consciência adormecida.

Segundo, José ameaça retê-los no Egito até que Benjamim seja trazido (v. 15-16). José os prova com juramento pela vida de faraó. Seriam retidos no Egito. Eles, que tinham vendido o irmão como escravo para o Egito, estavam na iminência de ficarem todos como escravos no Egito.

Terceiro, José coloca-os sob custódia, três dias na prisão (v. 17). Eles são lançados juntos na prisão para sentirem um pouco do que José amargou por vários anos. Foi tempo suficiente para conversarem, para trazerem à memória seus pecados e terem o coração quebrantado. Essa prisão por três dias tinha como propósito levar seus irmãos a uma solidão reflexiva, pois a solidão desperta a culpa, refresca a memória e conduz os pensamentos a Deus.

Quarto, José exige provas da honestidade de seus irmãos (v. 18-20). O governador do Egito despede seus irmãos, mas retém Simeão até que tragam Benjamim. Essa seria a prova da honestidade deles. Os irmãos de José concordam com essa exigência e partem, deixando Simeão e levando consigo muitas interrogações sem esclarecimento.

9. *José vê que seus irmãos reconhecem sua culpa* (Gênesis 42:21-23). Os métodos usados por José estavam logrando êxito. Seus irmãos tiveram a consciência despertada para perceberem que colhiam o que haviam plantado vinte e dois anos atrás. Em Gênesis 42, somos confrontados com a questão da consciência. Em certo sentido, a narrativa de Gênesis cessa de ser meramente a história de José neste ponto e se torna a história de seus dez irmãos e de como Deus trabalha neles através de vários instrumentos, para despertar sua consciência quase morta e trazê-los ao arrependimento e à restauração.

A ansiedade que sentiam estava intimamente relacionada à crueldade deles com José, que clamava no fundo de uma cova, e eles não ouviram os seus rogos (v. 21). Rúben faz sua defesa ao mesmo tempo que diagnostica a causa do aperto que estão passando (v. 22). José está ouvindo toda a conversa deles sem que notem, uma vez que José só falava com eles por meio de intérpretes (v.23). Ressoam aqui as palavras de Bräumer: "A voz da consciência não pode ser sufocada para sempre".[1] A expressão "somos culpados" se refere tanto à culpa como ao castigo. Os dois elementos são inseparáveis.

10. *José chora* (Gênesis 42:24). José sai do ambiente para não comprometer o processo adotado e chora sozinho. Foi a primeira das seis ocasiões que José chorou nessa sucessão de acontecimentos. Lágrimas vieram-lhe aos olhos quando viu Benjamim (Gênesis 43:29-30), quando revelou sua identidade aos irmãos (Gênesis 45:2), quando se encontrou com o pai no Egito (Gênesis 46:29), quando o pai morreu (Gênesis 50:1) e quando garantiu aos seus irmãos que haviam sido perdoados de todo coração (Gênesis 50:17). Uma boa prova do caráter de uma pessoa é observar o que a leva a chorar.

Enxugadas as lágrimas, retorna, algema Simeão na presença deles, e os demais partem. A prisão de Simeão significa que os irmãos também são presos e comprometidos com o retorno.

OS IRMÃOS DE JOSÉ VOLTAM PARA CANAÃ

Tendo retido Simeão no Egito como garantia de que voltariam trazendo Benjamim e como prova de que eram honestos e não espiões, José os envia de volta a

---

[1] BRÄUMER. *Gênesis*, p. 268.

Canaã, provando que teme a Deus e que se importa com o bem-estar de seus familiares (Gênesis 42:18-19). Destacamos alguns pontos importantes.

1. *José cuida de seus irmãos* (Gênesis 42:25). José vende alimento, devolve o dinheiro e ainda providencia comida para eles durante a jornada do caminho. José demonstrou generosidade ao lhes dar suprimentos para a longa viagem. A questão de José ter devolvido o dinheiro na boca do saco de cada um não é interpretada da mesma maneira por todos os estudiosos. Há aqueles que pensam que os motivos de José são punitivos. Outros acham que a motivação é produzir confusão. Concordo, entretanto, com aqueles que pensam que os motivos de José são redentivos. José está forçando seus irmãos a encarar o passado. Anteriormente, eles haviam posto mais valor no dinheiro do que na vida.

2. *Os irmãos de José são tomados de medo e perplexidade* (Gênesis 42:26-28). Tendo carregado os jumentos com os cereais, partiram do Egito rumo a Canaã. Numa das paradas estratégicas, numa estalagem, para alimentar os animais de carga, um dos irmãos constatou que o dinheiro havia sido devolvido e colocado na boca do saco. Tendo em vista que foram acusados de espiões, agora caía sobre eles a acusação de ladrões. Seu coração se desfaleceu e, atemorizados, se entreolhavam perguntando: "Que é isto que Deus nos fez?".

JOSÉ E SEUS IRMÃOS   111

Essa é a primeira vez que os irmãos fazem menção de Deus; a consciência está atormentada. Deus estava trabalhando neles por intermédio das circunstâncias. Agora veem Deus em ação por trás de seu crime e punição (Gênesis 42:21-22). Para darem prova de sua honestidade (Gênesis 42:11), ao retornarem para a segunda viagem, relataram o fato e levaram de volta o dinheiro (Gênesis 43:21).

3. *Os irmãos de José relatam, seletivamente, a experiência deles no Egito* (Gênesis 42:29-35). Os filhos de Jacó não relataram tudo; eles omitiram do pai que ficaram três dias presos. Omitiram também que Simeão foi algemado na presença deles e que ficou lá como refém. Omitiram o remorso que sentiam, os protestos de Rúben e a descoberta do dinheiro na estalagem. Eles abrandaram a dramaticidade dos fatos aos olhos de Jacó, pois sabiam que precisariam voltar ao Egito para levar Benjamim, resgatar Simeão e comprar mais alimento.

4. *O lamento pesaroso de Jacó* (Gênesis 42:36). "Então, lhes disse Jacó, seu pai: Tendes-me privado de filhos: José já não existe. Simeão não está aqui, e ides levar a Benjamim! Todas essas coisas me sobreem." A autopiedade de Jacó é compreensível, porém, indesculpável. Jacó lamenta porque não tem conhecimento de todos os fatos. Ele os acusa veladamente de serem a causa de ele estar privado de filhos, ou seja, de José e

Simeão, além da provável perda de Benjamim. Para ele, José está morto e Simeão ficara no Egito como prisioneiro. Levar Benjamim para o Egito seria expô-lo a um risco fatal. Essas coisas que pareciam laborar contra ele trabalhavam, pela providência divina, em seu favor. Aquilo que Jacó achou que seria sua ruína foi, na verdade, sua grande alegria. José não só estava vivo, mas era o governador do Egito. O Egito não era a prisão de Simeão, mas o lar hospitaleiro para a família patriarcal. Todas essas coisas não eram contra ele, mas cooperavam para o seu bem (Romanos 8:28).

5. *A proposta insensata de Rúben* (Gênesis 42:37). Rúben procurou acalmar os temores de Jacó propondo um miserável disparate. Ele demonstra mais uma vez sua fraqueza e falta de liderança como filho mais velho. Como garantia de que levaria e traria de volta Benjamim, oferece a seu pai seus dois filhos, dizendo: "Se eu não voltar com Benjamim, mate os meus dois filhos". Como um avô poderia se consolar matando os netos? Por que ele ofereceu os filhos em vez de oferecer a si mesmo? Judá eclipsa Rúben como o líder da família. Este, covarde e de forma imbecil, oferece a vida de seus filhos como garantia da segurança de Benjamim; Judá oferece sua própria vida (Gênesis 43:1-14).

6. *A decisão resoluta de Jacó* (42:38). Jacó repudia a néscia proposta de Rúben e radicaliza: "Meu filho não descerá convosco", justificando que "seu irmão é morto,

e ele ficou só; se lhe sucede algum desastre no caminho por onde fordes, fareis descer minhas cãs com tristeza à sepultura".

A crise, porém, era medonha e o cenário se tornava cada vez mais cinzento. A fome era severa. O Egito se mostrava a única saída para fugir dos tentáculos da morte. Chegava a hora de voltar ao Egito e comprar mais cereais, mas nenhum dos filhos de Jacó ousou falar com ele sobre essa necessidade. Sabiam da tensão que havia no coração do velho patriarca em liberar Benjamim para ir com eles.

A DOLOROSA VOLTA DOS IRMÃOS DE JOSÉ AO EGITO

O velho patriarca Jacó está entre a cruz e a espada. Quem tem fome não pode esperar. Ele, seus filhos e seus netos não sobreviverão em Canaã sem comida. Seus filhos precisam voltar ao Egito. Mas ele não quer renunciar a Benjamim (Gênesis 42:38), especialmente depois da proposta ridícula de Rúben (v. 37).

Vamos destacar alguns pontos.

1. *Por que os irmãos de José deveriam voltar?* (Gênesis 43:1-2) O texto em apreço destaca duas razões imediatas.

Primeira, porque a fome era severa (v. 1): "A fome persistia gravíssima na terra". A falta de alimento era geral. Não tinha para onde correr. Somente no Egito havia pão com fartura. Só dos celeiros do Egito manava alimento naquele tempo de amarga escassez.

Segunda, porque a provisão deles havia acabado (v. 2): "Tendo eles acabado de consumir o cereal que trouxeram do Egito". Eles estavam constrangidos de voltar ao Egito por causa do dilema de Jacó de autorizar Benjamim a partir com eles. Quando, porém, acabou a comida para a última refeição, o próprio Jacó, como cabeça da família, toma a iniciativa como da primeira vez (v. 1) e delibera as decisões finais, dando a seus filhos esta ordem: "Voltai, comprai-nos um pouco de mantimento" (Gênesis 43:2b). Em tempos de crise, um pouco é suficiente.

2. *A condição para os irmãos de José voltarem* (Gênesis 43:3-10). Judá emerge no vácuo da fraqueza de Rúben e assume a liderança de sua família. Ele enfrenta seu pai não com argumentos disparatados, como Rúben, mas com uma lógica irresistível. Mais tarde, ele se oferecerá como escravo por seu irmão por amor a seu pai (Gênesis 44:33-34). Sua tribo virá a ser proeminente entre os filhos de Israel (Gênesis 49:8-10; Mateus 1:2,17; Lucas 3:23,33).

Cinco fatos devem ser destacados.

O primeiro é que a descida de Benjamim ao Egito era uma exigência inegociável (Gênesis 43:3-5). Judá tira seu pai do sentimentalismo para o campo da razão, deixando claro que eles não desceriam ao Egito para comprar mantimento sem levarem consigo Benjamim. Essa foi a exigência peremptória do homem do Egito para provarem sua honestidade e resgatarem Simeão.

O segundo fato é que a autopiedade de Jacó estava fora de foco (Gênesis 43:6,8). Israel tenta lançar sobre seus filhos a responsabilidade do agravo de seu sofrimento por terem mencionado o nome de Benjamim ao governador do Egito, no que seus filhos foram unânimes em responder: "O homem nos perguntou particularmente por nós e pela nossa parentela, dizendo: Vive ainda vosso pai? Tendes outro irmão? Respondemos-lhe segundo as suas palavras. Acaso poderíamos adivinhar que haveria de dizer: Trazei vosso irmão?".

A repreensão de Israel a seus filhos era uma fuga da decisão que temia e um consolo para sua autoestima. Entretanto, apegando-se à sua superioridade sobre os que o haviam prejudicado, estava pondo em perigo a si próprio e a eles — incluindo-se o seu amado Benjamim, a quem precisava perder para salvar.

A exegese judaica dá grande importância ao fato de que aqui Jacó é novamente chamado de "Israel", a primeira vez depois do desaparecimento de José. Depois de lamentar José, o pai tinha sido apenas um "Jacó", alguém que "manca", se arrastando atrás de acontecimentos, alguém que não sabia mais direito o que fazer. Mas agora ele volta a ser "Israel", aquele que se dedicou completamente à soberania de Deus e que consegue entregar a Deus o que é pesado demais para carregar. Agora, pela primeira vez, Jacó começa a considerar a possibilidade de deixar Benjamim ir com os irmãos ao Egito. Sua fé está em processo de reavivamento, por isso, ele é chamado de Israel novamente.

O terceiro fato digno de nota é a proposta sábia de Judá (Gênesis 43:8). Judá não quer gastar tempo com discussões. Ele interrompe a querela entre o patriarca e seus filhos. É hora de agir. Por isso disse Judá a Israel, seu pai, o cabeça do clã: "Envia o jovem comigo, e nos levantaremos e iremos; para que vivamos e não morramos, nem nós, nem tu, nem os nossos filhinhos". A abordagem de Judá é franca, firme, sóbria e vai direto ao ponto. Deixar de partir já era lavrar uma sentença de morte sobre três gerações: Jacó, seus filhos e seus netos. Judá deixa claro que se tratava de uma questão de vida ou morte (Gênesis 43:8,10) e chegou a lembrar Jacó de suas próprias palavras (Gênesis 42:2). Como Benjamim havia nascido antes de José ter descido ao Egito, ele já tinha mais de 22 anos. Aqui o termo "jovem" descreve a condição social de Benjamim na família como irmão caçula, não sua idade absoluta (cf. Gênesis 42:13,15,20; 43:29; 44:23,26). De igual modo José, que tem 39 anos de idade, chama seu irmão caçula de "meu filho" (Gênesis 43:29).

O quarto fato é o compromisso firme de Judá (Gênesis 43:9). Judá assume a responsabilidade sobre

Benjamim nas seguintes palavras: "Eu serei responsável por ele, da minha mão o requererás; se eu to não trouxer e não puser à presença, serei culpado para contigo para sempre". A cruel pressão da fome e a calorosa iniciativa pessoal de Judá eram necessárias, uma para reforçar a outra. Quando Judá se compromete pessoalmente pela segurança de Benjamim, está dizendo: "Serei um penhor por ele".

O quinto fato que merece destaque é a sensatez de Judá (Gênesis 43:10). Judá arremata seu argumento lógico, racional e convincente, dizendo: "Se não nos tivéssemos demorado, já estaríamos, com certeza, de volta segunda vez".

3. *Jacó, chamado Israel, envia seus filhos ao Egito a segunda vez* (Gênesis 43:11-14). Jacó cede aos argumentos de Judá e libera Benjamim para partir com seus irmãos. Agora, não é mais Jacó que age, mas Israel, o homem de fé.

Israel confia Benjamim a seus irmãos (v. 11a): "Respondeu-lhes Israel, seu pai: Se é tal, fazei, pois isso". Israel deixou de agir com mero sentimento ou razão para agir com fé. Ele dá também três orientações aos filhos (v. 11b-13):

Primeira, levem presentes ao governador do Egito — este tipo de presente não se destaca pela abundância, mas pela modéstia.

Segunda, levem dinheiro em dobro para pagar a conta anterior.

Terceira, levem Benjamim, o irmão de vocês. É digno de nota que Israel chama Benjamim não de "meu filho", mas de "vosso irmão".

Israel invoca, outrossim, a bênção do Deus todo-poderoso sobre seus filhos (v. 14). *El Shaddai* era um título especialmente evocativo da aliança com Abraão (Gênesis 17:1) e, portanto, do propósito firmado por Deus para esta família. Israel, porém, como um pêndulo, oscila entre a fé e a incredulidade. Ao mesmo tempo que invoca a bênção de *El Shaddai* sobre seus filhos para que encontrem mercê diante do governador do Egito, resgatem Simeão e traguem também em segurança Benjamim, abre uma fresta da porta para o medo, ao dizer: "Quanto a mim, se eu perder os filhos, sem filhos ficarei" (Gênesis 43:14b).

Esse tipo de resposta, sem dúvida, não condiz com o Jacó de Betel, que se apropriou das promessas de Deus e que tinha anjos cuidando dele! Também não parece vir do mesmo Jacó que conduziu sua família de volta a Betel para começar de novo com o Senhor. Seus sentimentos de dor e desespero haviam quase apagado sua fé. Essas palavras finais, porém, não são um grito de desespero, mas, no máximo, uma submissão pesarosa, a rendição ao inevitável.

A CALOROSA RECEPÇÃO DOS IRMÃOS DE JOSÉ NO EGITO

Os irmãos de José, além de saírem com a missão de comprar um pouco de comida no Egito, precisaram lidar com três problemas sérios: o problema do dinheiro (Gênesis 43:16-23a), a libertação de Simeão (v. 23b) e a proteção de Benjamim (v. 24-34). Os temores dos irmãos de José, porém, se desfizeram logo que chegaram no Egito e encontraram o governador. O problema do dinheiro estava resolvido e isso lhes trouxe paz. Simeão foi-lhes restituído e isso trouxe liberdade ao irmão. O problema de Benjamim parecia estar resolvido, porque foi tratado com especial deferência pelo governador.

Destacamos onze fatos importantes.

1. *A partida* (Gênesis 43:15). Sem mais delongas, Judá lidera a caravana dos filhos de Jacó rumo ao Egito, trazendo na bagagem presentes para o governador, dinheiro em dobro e o jovem Benjamim. A partir deste momento, e até o fim da história de José, Judá permanece porta-voz dos irmãos.

2. *O banquete* (v. 16-17). José, ao ver seu irmão Benjamim, ordena ao despenseiro de sua casa a matar reses e preparar um banquete, porque comeria com eles ao meio-dia. O mordomo da casa obedeceu à risca as ordens de José.

3. *O medo* (v. 18). Quando os irmãos de José perceberam que iam para a própria casa do governador, ficaram atemorizados. A consciência deles estava desassossegada com respeito ao dinheiro que encontraram no saco dos alimentos. O medo fê-los cogitar as piores coisas. Pensaram que o banquete não passava de uma estratégia para serem acusados, feitos escravos e terem seus animais confiscados. Essa gentileza estranha causou desconforto e medo nos irmãos. Como tinham sido tratados com muita aspereza na primeira viagem, não conseguiam entender os esforços atuais como uma homenagem. Temiam antes que o convite para ir à casa do governador fosse uma armadilha.

4. *A defesa* (v. 19-22). Logo que chegaram na casa do governador, procuraram remediar a situação, fazendo sua defesa diante do mordomo da casa. Contaram a ele o que ocorrera e como trouxeram dinheiro em dobro para pagar os cereais da primeira compra, além do dinheiro para a segunda compra.

5. *O pagamento e o resgate* (v. 23). O mordomo, alto funcionário do palácio, homem que gozava confiança máxima do governador do Egito, responsável pelas recepções aos seus hóspedes, tranquiliza os irmãos de José, dizendo-lhes: "Paz seja convosco, não temais". O mordomo os abençoa a fim de lhes tirar o medo. "Paz seja convosco" significa "haverá paz novamente, o que estava quebrado será consertado". Depois o mordomo

lhes diz que o Deus de seu pai lhes havia dado tesouro nos sacos de mantimento, pois o pagamento deles havia chegado em suas mãos. Essa era uma forma legal de confirmar o recebimento do pagamento completo. Com isso, ele está dizendo que alguém havia pago por eles. O próprio José fizera o pagamento no lugar dos irmãos. Como o pagamento havia sido feito, Simeão foi-lhes restituído. A libertação de Simeão representa a anulação da acusação de espionagem. José cumprira sua palavra. Ele tinha se mostrado confiável e verdadeiro. Agora podiam entrar sem medo na casa. Eram hóspedes bem-vindos.

6. *A fidalga hospitalidade* (v. 24). O mordomo levou-os à casa de José, dando-lhes água para lavar os pés e ração para os jumentos. Essa era uma forma de demonstrar acolhida fidalga e calorosa.

7. *O presente* (v. 25-26a). Os irmãos de José prepararam o presente que haviam trazido de Canaã, ou seja, um pouco de bálsamo, um pouco de mel, arômatas e mirra, nozes de pistácia e amêndoas (v. 11). Logo que ele chegou, entregaram-lhe os presentes.

8. *A reverência* (v. 26b). Após entregarem os regalos, do mais precioso da terra de Canaã, eles se prostraram perante José até à terra. Mais uma vez, os sonhos de José estavam se cumprindo.

9. *A entrevista* (v. 27-29). José passa a interrogar seus irmãos sobre o bem-estar — *shalom* — deles e

sobre o ancião, o pai, se estava bem e se ainda vivia. Com essa pergunta, José demonstra a preocupação e o medo de que o pai pudesse morrer antes de reencontrá-lo. Os irmãos confirmam ao governador que o pai vive e está bem. Dada a resposta, abaixaram a cabeça e se prostraram. Essa segunda reverência é uma expressão de gratidão a Deus, que conservou o pai com vida e que poderá mantê-lo assim. Assemelha-se a um "graças a Deus" dito do fundo do coração. Ao perguntar se o jovem que estava com eles era o irmão mais novo e tendo recebido a resposta afirmativa, José deu-lhe uma palavra de bênção: "Deus te conceda graça, meu filho".

10. *O choro* (v. 30). José conseguia disfarçar bem seus sentimentos em público, mas a emoção foi tão forte ao ver Benjamim que se apressou, entrou na câmara e ali chorou. Por baixo da máscara da aparência egípcia palpitava o amor por sua família.

11. *A refeição* (v. 31-34). José lava o rosto, volta e dá uma ordem aos serviçais da casa para servirem a refeição. José serve uma refeição aos irmãos que, anos antes, insensivelmente se sentaram para comer enquanto ele chorava no poço. José ordenou que fossem postas três mesas, uma para os irmãos, outra para os egípcios que comiam com ele e outra para ele próprio. José não comeu na presença dos irmãos, pois essa prática era considerada ilícita e inadequada para um egípcio. José

comeu à parte, à parte de seus irmãos e ainda à parte dos egípcios que estavam na casa do governador. Henry Morris diz que os egípcios tinham um sentimento de exclusividade em relação a outros povos, especialmente em relação aos hebreus. Eles eram uma raça diferente, com uma língua diferente e uma diferente religião. É óbvio que os egípcios sabiam que José era hebreu e adorava o Deus dos hebreus; isso tinha sido claramente demonstrado por José desde o primeiro encontro com faraó. Todavia, agora José tinha um nome egípcio, uma esposa egípcia, vestia-se como um egípcio e vivia de forma semelhante aos egípcios. Por isso ele não poderia comer junto com seus irmãos sem causar ofensa aos demais hóspedes egípcios que estavam em sua casa.[2]

Observar as regras egípcias era mais um aspecto cuidadosamente escolhido do disfarce para que os irmãos continuassem incapazes de tirar suas conclusões a partir do que aconteceria a seguir. Restava-lhes se espantar como o dono da casa conseguiu que fossem acomodados por ordem de nascimento, do mais velho ao mais novo, e por que Benjamim recebia porções especiais de comida. Evidentemente o governador do Egito demonstrava conhecer mais essa família vinda de Canaã do que eles poderiam imaginar, ou será que ele

[2] MORRIS. *The Genesis Record*, p. 610.

possuía poderes sobrenaturais? Eles estavam simplesmente maravilhados, mas não tinham respostas.

O preconceito contra comer junto provavelmente não era social (Gênesis 46:34), mas cultural, visto que tecnicamente os estrangeiros contaminariam o alimento. Enquanto os cananeus pretendem integrar e absorver os filhos de Israel, os egípcios os mantêm em desprezo. O casamento misto de Judá com cananitas, em Gênesis 38, revela o risco que os cananitas sincréticos representam à família embrionária. A cultura segregacionista egípcia garante que a nação embrionária se desenvolva numa grande nação dentro de suas fronteiras.

Resguardadas essas questões culturais, é evidente que José tratou a todos com honra fidalga, num clima de festejo e alegria. Então, os irmãos de José comeram, beberam e se regalaram num régio banquete.

Resta, claro, afirmar que Deus deu sabedoria a José não apenas para lidar com os problemas do mundo, mas também para sanar os problemas de sua família. Cuidadosamente, ele planejou cada ação para com seus irmãos, a fim de conhecer o que estava no coração deles, de despertar a consciência amortecida deles e levá-los ao arrependimento. A estratégia de José, já brilhantemente vitoriosa na produção de situações e tensões requeridas por ele, dá agora o seu golpe de mestre. José pavimentou o caminho da reconciliação com seus irmãos.

O texto a seguir trata de dois assuntos vitais nessa preparação rumo à reconciliação: uma acusação e uma defesa. Vejamos:

1. UMA ACUSAÇÃO CONSTRANGEDORA

As ações de José não eram motivadas pela maldade, mas pela misericórdia. Ele sabia que um falso arrependimento produziria uma falsa restauração. Todas as medidas tomadas foram planejadas cuidadosamente para produzir em seus irmãos arrependimento e restauração. Destacamos cinco aspectos importantes dessa acusação.

1. *Um plano estratégico* (Gênesis 44:1-3). Pela segunda vez, José ordena que o dinheiro seja devolvido na boca do saco de cada um dos irmãos. Mas agora, ordena ao mordomo que também coloque seu copo de prata na boca do saco de Benjamim. Depois do generoso e farto banquete da noite anterior, no qual comeram, beberam e se alegram, o dia amanheceu e era hora de partir. Desta vez tudo tinha dado certo. Foram bem recebidos. Simeão tinha sido libertado. Benjamim marchava em segurança com eles de volta para casa. Levavam não apenas um pouco de cereal, mas tudo quanto conseguiam carregar. Se da primeira vez foram tratados como espiões, agora são despedidos com um banquete. Assim como Deus testara a realidade da fé de Abraão

(Gênesis 22:1), agora José testa a genuína conversão de seus irmãos.

2. **Uma acusação pesada** (Gênesis 44:4-6). Logo que saíram da cidade, sem que houvesse ainda se distanciado, José ordena seu mordomo para ir ao encalço de seus irmãos, fazendo-lhes a severa acusação de terem pagado o bem com o mal, pois haviam furtado o copo de prata do governador, em que ele bebia e por meio do qual fazia suas adivinhações. O mordomo os alcança e sem demora despeja sobre eles os raios fuzilantes dessa devastadora tempestade.

3. **Uma defesa ousada** (Gênesis 44:7-9). A acusação parecia descabida. Estavam seguros de sua inocência. A prova de que não tinham más intenções com o governador do Egito é que levaram de volta o dinheiro que encontraram na boca dos sacos. Como furtariam da casa do seu senhor ouro e prata? A pessoa que tenta devolver dinheiro que pensa não ser seu não é capaz de roubar. Em sua defesa, falaram o mesmo que Jacó havia dito 33 anos atrás para Labão, seu sogro (Gênesis 31:32): "Aquele dos teus servos, com quem for achado, morra; e nós ainda seremos escravos do meu senhor" (Gênesis 44:9).

4. **Uma investigação minuciosa** (Gênesis 44:10-12). O mordomo rejeita a sugestão radical deles, de morte do culpado e escravidão de todos, mas acata a palavra de que o culpado seja feito escravo no Egito. Começa-se,

então, uma investigação meticulosa. Curiosamente, para aumentar a tensão, o mordomo que já conhecia a ordem de idade deles, em virtude do banquete da noite anterior (Gênesis 43:33), começa a sondagem do mais velho para o mais novo. A cada saco aberto havia uma acusação velada de roubo, pois o dinheiro que haviam levado estava na boca do saco. Porém, a acusação não tinha a ver com o dinheiro, e sim com o copo de prata. Então, sentiam-se aliviados a cada saco aberto, cada vez mais seguros pela comprovação de sua inocência. Até que chegaram ao saco de mantimentos de Benjamim. Ao abri-lo, lá estava o copo de prata do governador!

5. *Um transtorno profundo* (Gênesis 44:13). A descoberta do copo de prata do governador do Egito no saco de Benjamim caiu como um raio. Ficaram completamente atordoados. Estavam encurralados, num beco sem saída. Não tinham como fugir da evidência. Então, transtornados, rasgaram suas vestes, e cheios de vergonha e opróbrio, carregaram de novo os jumentos. Sem dizer uma palavra, voltaram à cidade para encarar o governador. Benjamim, como José, é inocente, mas eles estão livres para abandoná-lo como escravo no Egito. Suas ações, porém, confirmam a mudança de seu caráter. Passaram no teste; não abandonaram seu irmão. Agora revelam afeição pelo pai e pelo irmão (Gênesis 37:34).

2. UMA DEFESA COMOVENTE

Os irmãos de José estão decididos a ficar juntos, aconteça o que acontecer. Assumem a responsabilidade uns pelos outros (responsabilidade coletiva). Ninguém acusa nem repreende Benjamim, que se torna culpado — ao menos de acordo com as evidências encontradas. Pelo contrário, todos rasgam as vestes em sinal de luto (vergonha coletiva). Assumem a palavra dada de que, caso a culpa de algum deles pelo roubo ficasse comprovada, todos assumiriam a punição coletiva. Lembram da unanimidade com que antigamente odiavam José e do crime cometido contra ele (culpa coletiva).

Judá lidera seus irmãos ao chegarem na casa do governador. Este ainda estava em casa quando os onze filhos de Jacó se prostraram em terra perante ele.

Destacamos alguns pontos importantes.

1. *Um retorno constrangedor* (Gênesis 44:14-15). A saída pela manhã do Egito rumo a Canaã foi marcada por alegria, mas o retorno para a casa de José foi cheio de constrangimento e vergonha. Certamente as pessoas devem ter olhado aquele regresso com suspeitas e acusações veladas. Ao chegarem na casa do governador, ele esperava por eles. Eles se prostraram em terra diante dele. Era a terceira vez que se prostravam (Gênesis 42:6; 43:26; 44:14). O governador sustentou a pesada acusação, com justificativas: "Que é isto que fizestes?

Não sabíeis vós que tal homem como eu é capaz de adivinhar?".

2. *Uma confissão sincera* (Gênesis 44:16). Judá, o porta-voz e líder de seus irmãos, assume o comando e faz uma sincera confissão em seu primeiro discurso. Judá apresenta três itens: protesta a inocência dos irmãos em relação ao furto, confessa seu dilema como devido ao juízo divino por culpas anteriores e, por fim, oferece todos os irmãos como escravos. Desse modo, ele desfaz o temerário juramento de matar o culpado e evita ter de enfrentar o pai.

Judá não se defende. Não se justifica. Não se exaspera. Reconhece que a causa deles não tem defesa. São culpados. Porém Judá faz a confissão mais importante, pela qual José esperava: "Achou Deus a iniquidade de teus servos" (v. 16a). Em sua primeira visita ao Egito, haviam expressado esse sentimento de culpa, levando José às lágrimas (Gênesis 42:21-24). Assim, confessam seu crime contra José duas vezes em sua presença. Com essa confissão, Judá fala por todos. Muito mais importante do que o copo encontrado pelo mordomo é o que Deus encontrou no coração dos irmãos de José. O conflito é mais profundo, a questão não gira em torno do copo, mas da culpa que está sobre eles.

Aquele pecado escondido havia vinte e dois anos foi destampado. O crime que haviam cometido contra José e contra Jacó precisava ser resolvido. Agora caem em si. Admitem que Deus os levou a essa situação de constrangimento para reconhecerem que não podiam mais caminhar sem arrependimento. Judá admite que todos eram igualmente culpados da atual situação devido ao que acontecera no passado.

3. *Uma rendição humilde* (Gênesis 44:16b,17). Depois disso, Judá rende-se em humildade: "Eis que somos escravos de meu senhor, tanto nós como aquele em cuja mão se achou o copo" (v. 16b). O governador, porém, como o mordomo, não aceita a proposta radical de Judá, e responde: "Longe de mim que eu tal faça; o homem em cuja mão foi achado o copo, esse será meu servo; vós, no entanto, subi em paz para vosso pai". José está testando os irmãos. Quer verificar se aproveitarão alguma oportunidade para obter liberdade às custas de Benjamim. Quer saber se fariam com Benjamim o mesmo que fizeram com ele. Se deixariam Benjamim como escravo no Egito ao serem liberados. A expressão "subi em paz para vosso pai", *beshalom*, tem por objetivo convencê-los a partir. Porém, longe de deixarem Benjamim, essa expressão provocadora inspira a fala de Judá, na qual a felicidade e a paz do pai ocupam o foco.

4. *Um discurso eloquente* (Gênesis 44:18-34). Judá, como advogado dos irmãos, faz aqui o mais longo discurso registrado em Gênesis. Num arroubo candente para salvar Benjamim, ele apela ao governador para que demonstre misericórdia por seu pai. O discurso de Judá

é marcado por beleza retórica e argumentos irresistíveis. Trata-se de uma pequena obra-prima, pois algumas palavras marcantes se repetem constantemente, como seis vezes a palavra "irmão", sete vezes "meu senhor", doze vezes "servo" e treze vezes "meu/nosso pai". De forma absolutamente consciente, Judá omite tudo o que não ajudará a obter o efeito desejado.

Esse nobre apelo não se fundamenta apenas em compaixão sentimental; tem o peso cumulativo da lembrança dos fatos (v. 19-23), da representação gráfica (v. 20,24-30) e de um interesse altruísta provado até o fim na petição que fez, não de misericórdia, mas que o deixassem sofrer vicariamente (v. 30-34). O discurso de Judá não apenas é o mais longo de Gênesis, mas um dos mais emocionantes. Ele representa o reverso das transgressões dos irmãos. Estes, irados e indiferentes para com seu pai, nutriram tanto ciúme por seu irmão que conspiraram vendê-lo como escravo. Agora, porém, rogam pelo bem-estar de seu pai.

Este segundo discurso de Judá tem três pontos.

Primeiro, ele recita a história de suas duas viagens ao Egito (v. 18-29).

Segundo, enfatiza que a perda de Benjamim matará o pai (v. 30-31).

Terceiro, culmina seu apelo rogando a José que lhe permita cumprir sua promessa e o faça escravo no lugar do jovem, e assim poupe o pai de atroz sofrimento (v.

32,34). O mesmo Judá que ajudou a enganar Jacó acerca da morte de José, agora se mostra audaciosamente leal a Jacó, mesmo a grande custo pessoal. Anteriormente, a ganância e a paixão lhe governavam a vida, mas agora estava pronto a fazer um sacrifício altíssimo em prol de outro.

O discurso de Judá, um momento culminante do livro de Gênesis, granjeia o respeito de seu auditório, é plena e cuidadosamente documentado e, acima de tudo, é ardente e sai direto do coração. Como persuadira a seu pai em seu primeiro e extenso discurso (Gênesis 43:3-10), ele agora atinge o coração de José e reconcilia os irmãos.

William MacDonald fala do progresso da graça de Deus no coração de Judá. No capítulo 37, ele lidera a seus irmãos para venderem José como escravo e enganarem Jacó. No capítulo 38, ele se envolve com enganos e imoralidade. Mas Deus trabalhava em seu coração, porque no capítulo 43 ele se dá como garantia por Benjamim. No capítulo 44, ele intercede por Benjamim e está pronto a se tornar escravo no lugar dele para não ver o seu pai sofrer. Esse é o progresso da graça de Deus na vida de Judá.[3]

---

[3] MACDONALD, William. *Believer's Bible Commentary*, p. 77-78.

O DISCURSO DE JUDÁ

Vamos examinar o discurso de Judá.

Primeiro, uma abordagem humilde (Gênesis 44:18). Usando os melhores recursos da oratória, Judá inicia seu discurso humilhando a si mesmo e exaltando aquele a quem dirige sua palavra. Pede permissão para falar. Roga paciência para ser ouvido. Reconhece que aquele que o ouve é como faraó, que pode se irritar com seu discurso e tem até mesmo poder para matá-lo. O vocativo "ah! Senhor meu, rogo-te", *bi'adoni*, é uma fórmula fixa, que traduzida literalmente significa "sobre mim, meu senhor [recaia tudo o que minha fala causar de desagradável ou ruim]".

Segundo, uma retrospectiva fidedigna (Gênesis 44:19-23). Judá faz um relato espontâneo dos fatos, afirmando que só falaram da situação familiar porque o governador perguntara. Judá relembra o que houve na primeira viagem deles ao Egito. Como o governador perguntara se tinham pai e irmão. Judá acentua novamente que eles têm um pai já velho e que o filho da sua velhice — o mais novo, cujo irmão é morto — é o único que lhe restou de sua mãe, e por isso é muito amado pelo pai. Judá também relembra ao governador o que lhe haviam dito, que se o filho mais novo deixasse o pai, este não suportaria sua ausência e morreria. Judá finaliza dizendo que a única condição dos irmãos retornaram ao Egito para comprar mais alimento era trazer com eles esse filho mais novo do seu velho pai.

Terceiro, um dilema paternal (Gênesis 44:24-29). Depois de Judá fazer uma retrospectiva do que havia acontecido no Egito por ocasião da primeira viagem, começa a narrar o que aconteceu com o velho pai em Canaã ao lhe informarem sobre a exigência inegociável do governador de não os receber sem a companhia de Benjamim. Judá disse ao governador do dilema de seu velho pai, quando a fome apertou e precisaram retornar ao Egito. A princípio, o velho pai se recusou peremptoriamente a enviar Benjamim (Gênesis 42:38). Depois, permitiu, mas não sem antes fazer profundo lamento: "Sabeis que minha mulher me deu dois filhos; um se ausentou de mim, e eu disse: Certamente foi despedaçado, e até agora não mais o vi; se agora também tirardes da minha presença, e lhe acontecer algum desastre, fareis descer as minhas cãs com pesar à sepultura" (Gênesis 44:27-29).

Quarto, uma consequência inevitável (Gênesis 44:30-31). Judá é enfático ao afirmar que retornar para Canaã sem Benjamim é sentenciar seu velho pai à morte. Outrora, ele e seus irmãos não se importaram com o sofrimento de José nem com o sofrimento do pai. Porém, agora, demonstram amor tanto pelo pai como por Benjamim. Não queriam mais impor sofrimento ao pai, fazendo-o descer à sepultura com tristeza.

Quinto, uma substituição abnegada (Gênesis 44:32-34). Judá chega ao apogeu de sua argumentação e à defesa mais robusta de seu próprio caráter ao testemunhar que ele havia se colocado diante do pai como fiador de seu irmão. Então, roga ao governador para ficar como escravo em lugar do irmão, a fim de que Benjamim retornasse com os outros. Voltar para Canaã sem Benjamim seria uma carga pesada demais para o pai, já velho e sofrido, suportar. Judá quer se sacrificar em favor de Benjamim. Quer ser escravo no lugar dele. Está decidido a não ser apenas responsabilizado, mas se mostrou disposto a "sofrer vicariamente". Esse primeiro caso de substituição humana na Escritura revela um Judá diferente daquele que vendeu seu irmão como escravo (Gênesis 37:26,27). Judá sente tanto por seu pai que pede para ser sacrificado no lugar de um irmão mais amado que ele.

O discurso de Judá pode ser comparado com o discurso de Moisés em favor do povo quando fizeram um bezerro de ouro e o adoraram (Êxodo 32), e com o discurso de Paulo quando desejou ser anátema para que o povo judeu fosse salvo (Romanos 9). Judá está disposto a ser escravo no Egito para salvar Benjamim por amor a ele e a seu pai. Moisés estava pronto a ter seu nome riscado do livro de Deus por amor ao seu povo. Paulo expressou disposição de ser amaldiçoado se isso significasse salvação para aqueles que ele amava.

Entretanto, nenhum dos três foi sacrificado por esses pedidos. Porém, Jesus foi sacrificado por aqueles que não o amavam. Nós somos pecadores, e ele, como nosso fiador e representante, assumiu nosso lugar, sofreu o golpe da lei que deveríamos sofrer, morreu pelos nossos pecados. Judá, Moisés e Paulo foram poupados, mas Deus não poupou a seu próprio Filho, antes por todos nós o entregou (Romanos 8:32).

Judá estava certo de que havia causado a morte de José e não queria ser responsável pela morte de Jacó. Mais de vinte anos antes, Judá testemunhara a profunda tristeza de seu pai e não queria que isso se repetisse. O discurso de Judá deixa claro sua preocupação tanto com o pai idoso como com o irmão mais novo.

O discurso de Judá mostrou a José, pela primeira vez, o que acontecera na sua família desde que ele fora vendido como escravo. Ele ouvia agora as palavras com as quais o pai, que o julgava morto, o lamentara. Ele sabia que o luto do pai por sua perda ainda persistia. Mas ao mesmo tempo, o discurso lhe mostrou que seus irmãos agora lidavam de forma totalmente diferente com a predileção do pai pelos filhos de Raquel. José teve certeza: os irmãos se arrependeram. Eles se converteram. Não são mais como eram antigamente. Transborda desse magnífico discurso a evidência que a vida dos irmãos de José está transformada. Mudou a relação deles com Deus e uns com os outros.

Matthew Henry, fazendo uma aplicação dessa emocionante passagem, diz que Judá prudentemente suprimiu em seu discurso qualquer menção ao crime de que Benjamim era acusado. Se Judá tivesse dito qualquer coisa que reconhecesse o crime, ele teria colocado a honestidade de Benjamim em dúvida, o que levantaria mais suspeitas. Porém, se tivesse dito qualquer coisa que negasse o crime, ele teria colocado a justiça do governador em dúvida, bem como a sentença que ele havia proferido. Por isso ele evita esse caminho e apela à piedade do governador. Isso aponta para a boa razão que Jacó, ao morrer, teria para dizer: "Judá, a ti te louvarão os teus irmãos" (Gênesis 49:8), pois ele superou a todos em coragem, sabedoria, eloquência e carinho especial por seu pai e pela família. O apego fiel de Judá a Benjamim, agora em aflição, foi recompensado muito tempo depois pelo apego constante da tribo de Benjamim à tribo de Judá, quando todas as outras dez tribos a abandonaram. Quão adequadamente a Escritura, quando está falando da mediação de Cristo, observa que o nosso Senhor procedeu de Judá (Hebreus 7:14). Como seu pai Judá, ele não somente fez intercessões pelos transgressores, mas se tornou uma garantia a favor deles (Hebreus 7:22), testificando que tinha grande preocupação tanto por seu pai como por seus irmãos.[4]

[4] HENRY. *Comentário bíblico*, p. 200.

Jacó coroará Judá com realeza em razão de haver demonstrado que se tornara apto a governar segundo o ideal divino de realeza, segundo o qual o rei serve ao povo, e não o contrário. Judá é transformado de alguém que vende seu irmão como escravo em alguém que está disposto a ser escravo por seu irmão. Com essa oferta, ele exemplifica a realeza ideal de Israel. Judá acaba prefigurando Cristo. Ele é a primeira pessoa na Escritura que dispõe a própria vida por outro. Seu amor que se autossacrifica por seu irmão, por amor a seu pai, prefigura a expiação vicária de Cristo que, por seus sofrimentos voluntários, fecha a brecha entre Deus e os seres humanos.[5]

---

[5] WALTKE. *Gênesis*, p. 707.

Capítulo 10

José se revela a seus irmãos

A história de José chega a seu clímax. O eloquente e sincero discurso de Judá tocou o coração de José. Os sentimentos represados não podiam mais ser contidos. José tinha alcançado o limite do seu autocontrole. Ele destampa sua alma e abre as comportas do coração quando, em meio a abundantes lágrimas, dá-se a conhecer a seus irmãos. O medo da revelação é transformado em mostras de perdão e graça. O temor da vingança se converte em presentes generosos. A ação maldosa dos irmãos de José, governada por ciúmes e ódio, é transformada pela providência divina em livramento de morte, para eles e para o mundo. A providência carrancuda escondia a face sorridente de Deus.

Uma revelação emocionante

A cena é carregada de profundas emoções. Os métodos usados por José lograram êxito. Estava convencido do arrependimento dos irmãos e da mudança profunda no coração deles. Eles haviam passado no teste, e era hora oportuna para remover os disfarces de sua dureza e mostrar a eles a ternura do seu coração. Destacamos alguns pontos importantes.

1. *A revelação surpreendente* (Gênesis 45:1-3a). As emoções estavam vazando pelos poros da alma quando José ordena a todos os egípcios para saírem de sua presença, ficando ele só com seus irmãos. Ele, que até então falava privativamente com seu mordomo egípcio (Gênesis 44:1-15), agora fala privativamente com os irmãos. A voz do choro precedeu à sua declaração. Essa é a terceira vez que José chora. Cada vez ele vai perdendo mais controle sobre suas ternas emoções em relação aos irmãos (Gênesis 42:24; 43:30-31; 45:2). Suas lágrimas foram o prelúdio da revelação. Seu choro foi o prefácio da apresentação. Com o rosto banhado de lágrimas, se dirige aos irmãos pela primeira vez em sua língua materna, fazendo a mais retumbante revelação: "Eu sou José" (Gênesis 45:3). Deixando de lado toda a liturgia protocolar, emenda a pergunta abafada em seu peito: "Vive ainda meu pai?". Derek Kidner diz que essa pergunta, depois de tudo que Judá dissera, ilustra o fato de que *viver*, no Antigo Testamento, tende a incluir a ideia de gozo de saúde e bem-estar.[1]

---

[1] KIDNER. *Gênesis*, p. 191.

2. *O medo aterrador* (Gênesis 45:3b). A revelação caiu como um raio sobre seus irmãos e foi como o estrondo de um trovão em seus ouvidos. Ficaram sem fôlego. O sangue congelou em suas veias. Não sabiam o que pensar nem o que dizer. A única coisa que sentiram foi medo aterrorizante. O irmão vendido como escravo e a quem davam como morto era o príncipe e governador do Egito, e estava bem ali na frente deles. Calados, viram-se todos como culpados diante de seu juiz.

3. *O convite gracioso* (Gênesis 45:4). O desejo dos irmãos de José era fugir e se esconder. Porém, ele lhes disse: "Agora, achegai-vos a mim". A doce voz de José, temperada por suas lágrimas, pavimentou o caminho da graça e do perdão. Eles não tinham que fugir acuados pelo medo, atormentados pela culpa, mas podiam se achegar a ele. Foi o que fizeram: "E chegaram". Então, ele disse: "Eu sou José, vosso irmão; a quem vendestes para o Egito". A convicção de que a vontade de Deus, e não a do homem, era a realidade diretora de cada acontecimento refulge como luz orientadora de José, e é o segredo de sua espantosa falta de rancor.

4. *O discurso esclarecedor* (Gênesis 45:5-9). O discurso de José começa pelo passado, descreve o presente e fornece um vislumbre do futuro. Como diz Warren Wiersbe, os irmãos eram responsáveis pelo seu sofrimento, mas Deus usou-o para cumprir seus propósitos (cf. Romanos 8:28). Deus enviou José ao Egito para

que a família de Jacó fosse preservada, a nação de Israel viesse a nascer e, por fim, desse ao mundo a Palavra de Deus e o Salvador.[2] Desta forma, José direcionou a visão deles de seus pecados para a graça de Deus. Nesse episódio, quatro vezes José se apresenta como agente de Deus (Gênesis 45:5,7-9 cf. 42:25;43:23). Fica evidente no registro bíblico que Deus, na sua soberana graça, tem guiado a história de José (Gênesis 42:2; 45:5-8; 50:20).

James Montgomery Boice diz que toda a vida de José foi governada pela consciência da centralidade de Deus. O narrador destaca as várias vezes que José referiu-se a Deus em sua vida.

Primeiro, em Gênesis 39:9, quando foge do adultério por entender que seria um pecado contra Deus.

Segundo, em Gênesis 40:8, quando interpreta os sonhos do copeiro-chefe e do padeiro-chefe, dizendo: "Porventura, não pertencem a Deus as interpretações?".

Terceiro, em Gênesis 41:16, ao interpretar os sonhos de faraó, dizendo: "Não está isso em mim; mas Deus dará resposta favorável a faraó".

Quarto, em Gênesis 41:25,28,32, ao fazer a seguinte declaração ao faraó: "O sonho de faraó é apenas um; Deus manifestou a faraó o que há de fazer".

---

[2] WIERSBE. *Comentário bíblico expositivo*, p. 207.

Quinto, em Gênesis 41:51, quando nasce seu primogênito e ele o chama de Manassés, dizendo: "Deus me fez esquecer de todos os meus trabalhos e de toda a casa de meu pai".

Sexto, em Gênesis 41:52, quando nasce seu segundo filho e chama-lhe Efraim, pois disse: "Deus me fez próspero na terra da minha aflição".

Sétimo, em Gênesis 50:20, ao explicar pela última vez a seus irmãos a providência divina que perpassou toda sua vida, José lhes disse: "Vós, na verdade, intentastes o mal contra mim; porém Deus o tornou em bem, para fazer, como vedes agora, que se conserve muita gente em vida".[3]

UM DISCURSO ELOQUENTE

O discurso de José tem três dimensões. Vejamos:

1. *A dimensão do passado* (Gênesis 45:5). A fim de se identificar de forma inequívoca, José precisa lembrar o passado. Porém, a intenção dessa lembrança dolorosa não é causar vergonha nos irmãos. Ele quer ajudar os irmãos a superar o passado que ainda lhes pesa. A retrospectiva de José é determinada por três declarações sobre a sua confiança em Deus:

---

[3] BOICE. *Genesis*, p. 1057-1058.

"Para conservação da vida, Deus me enviou adiante de vós" (v. 5b). Esta é uma das afirmações clássicas do governo providencial de Deus. O próprio Deus direciona o emaranhado da culpa humana para a concretização de seus bons e afinados propósitos (cf. Atos 2:23; 4:28). A fala de José a seus irmãos tem o seguinte teor: "Irmãos, aquela venda cruel se tornou um envio abençoado. Vocês podem ver tudo com outros olhos, mesmo que não consigam entender. É preciso confiar em Deus, que tem o poder de intervir em algo que começou a partir de um plano mau e transformá-lo em algo bom";

"Deus me enviou adiante de vós, para conservar vossa sucessão na terra e para vos preservar a vida por um grande livramento" (v. 7-8a). O que José está dizendo a seus irmãos é que Deus o enviou para o Egito a fim de possibilitar a sobrevivência do mundo, inclusive a vida deles;

"Assim, não fostes vós que me enviastes para cá, e sim Deus" (v. 8b). José está exortando seus irmãos a não deixarem que memórias de culpa e que a forma com que ele chegara ao Egito tirassem a alegria do reencontro. Na verdade, o passado só pode ser superado se confiarmos que Deus pode transformar o mal em bem.

2. *A dimensão do presente* (Gênesis 45:8b). Para descrever aos irmãos sua atual posição no Egito, José destaca sua tríplice honra: "Deus me pôs por pai de

faraó" (v. 8b), isso significa que José era conselheiro do rei; "Deus me pôs por senhor de toda a sua casa" (v. 8c), ou seja, José tem autoridade máxima; "Deus me colocou como governador em toda a terra do Egito" (v. 8d), isso significa que no país inteiro nada acontece sem sua permissão.

3. *A dimensão do futuro* (Gênesis 45:9). A terceira parte do discurso de José trata de seus desejos mais caros para o futuro. Ele transforma os irmãos em mensageiros ao lhes entregar uma mensagem: "Apressai-vos, subi a meu pai e dize-lhe: Assim manda dizer teu filho José: Deus me pôs por senhor em toda a terra do Egito, desce a mim, não te demores". O futuro só se abre quando o passado for vencido e o presente, refeito".

UMA OFERTA GENEROSA

José não apenas perdoa seus irmãos, mas oferece-lhes dádivas maravilhosas (Gênesis 45:10-13). Vejamos:

1. *José oferece a eles o melhor do Egito, bem como sua presença* (v. 10). A terra de Gósen era a mais fértil do Egito (Gênesis 47:6), também conhecida como terra de Ramessés (Gênesis 47:11). José dá-lhes o melhor da terra e dá-lhes também seu coração. Chama-os para perto de si.

2. *José oferece a eles sustento nos tempos de fome* (v. 11). José alerta-os que ainda haveria mais cinco anos de estiagem, durante os quais não haveria semeadura nem

colheita. Porém, garante-lhes nesse tempo sustento e provisão.

3. *José oferece plena evidência de sua identidade e sua glória* (v. 12-13). Ao deixar claro sua semelhança com Benjamim — não só física, mas também moral, uma vez que Benjamim é o único irmão cujo caráter está além da dúvida e cujo testemunho é plenamente crível —, e ao lhes pedir para falar a Jacó, seu pai, acerca de toda a sua glória no Egito, José reitera o desejo de que seu pai venha com eles para o Egito.

UMA RECONCILIAÇÃO CHEIA DE TERNURA

A reconciliação de José com seus irmãos é emocionante (Gênesis 45:14-15). Essa cena expõe a anatomia da reconciliação: José se lança ao pescoço de Benjamim, que nessa época tinha mais de 22 anos, e chora abraçado com o caçula. Depois, José beija todos os outros, chorando sobre eles. Até aqui, os irmãos de José estavam mudos, calados, intimidados. Porém, depois do abraço, do beijo e do choro, os irmãos falaram com ele, rompendo o aturdido silêncio. O narrador nos deixa em suspenso sobre o teor dessa conversa. É muito provável que tenha havido pedidos pungentes de perdão!

Resta afirmar que o caminho para a plena reconciliação foi árduo para José e seus irmãos. Os irmãos tiveram de enfrentar a culpa, confessar os pecados (Gênesis

42:21-22) e reconhecer que Deus estava castigando-os (Gênesis 42:28). Tiveram de pedir misericórdia (Gênesis 44:27-32) e mostrar que haviam mudado (Gênesis 44:33-34). Para José, a provação também foi penosa. Teve de se assegurar da sinceridade dos irmãos, pondo-os em situações embaraçosas, algumas vezes causando sofrimento em seu pai. Teve de manter o disfarce egípcio, embora estivesse ansioso para se revelar. Quando chegou a hora da revelação, sua posição e seu poder tornaram difícil que seus irmãos acreditassem que era mesmo o José e que ele realmente os havia perdoado.

James Montgomery Boice vê na passagem em destaque quatro paralelos entre José e Jesus:

Primeiro, José conheceu seus irmãos antes de o reconhecerem.

Segundo, José amou seus irmãos antes de o amarem.

Terceiro, José salvou seus irmãos antes de terem consciência de sua salvação.

Quarto, José chamou seus irmãos para si quando prefeririam fugir dele.[4]

UM CONVITE HONROSO

A notícia de que os irmãos de José tinham vindo ao Egito chega à casa de faraó, e isso foi agradável a ele e a

---

[4] BOICE. *Genesis*, p. 1051-1055.

seus oficiais (Gênesis 45:16). Então, o faraó fala a José e reitera o convite que este havia feito à família, acrescentando ainda novos privilégios. Vejamos:

1. *O faraó despede os irmãos de José com provisão* (Gênesis 45:17). O faraó não os despede de mãos vazias, mas ordena que seus animais sejam carregados de mantimento. No lugar da culpa, abundante graça. No lugar do medo, plena segurança. No lugar do castigo, ricos benefícios.

2. *O faraó convida a família de José e oferece a ela o melhor da terra do Egito* (Gênesis 45:18). O faraó não apenas daria à família de José o melhor da terra do Egito, como eles também comeriam a fartura da terra. O convite de faraó: "Vinde a mim e dar-vos-ei", feito a um Israel próximo ao fim da esperança, e aos dez irmãos carregados de culpa, dificilmente deixa de lembrar ao cristão o convite de Jesus: "Vinde a mim, todos os que estais cansados e sobrecarregados, e eu vos aliviarei" (Mateus 11:28).

3. *O faraó envia carros para trazer ao Egito a família de José* (Gênesis 45:19). Os irmãos, que vieram com seus jumentos buscar um pouco de comida, retornam com seus animais carregados de cereal e acompanhados de carros para levar ao Egito Jacó, suas mulheres e seus filhinhos.

4. *O faraó promete à família de José toda provisão material* (Gênesis 45:20). "Não vos preocupeis com coisa

alguma dos vossos haveres, porque o melhor de toda a terra do Egito será vosso." Ele orienta a família de José a não ficar apegada a seus bens em Canaã, porque teriam tudo em abundância no Egito. É como se faraó dissesse: "Vocês não sentirão falta do que for deixado para trás, pois no Egito vocês terão do bom e do melhor".

UMA OFERTA GENEROSA

As palavras de José já haviam demonstrado seu amor gracioso. Agora evidencia ainda mais seu perdão, oferecendo a seus irmãos ofertas generosas. Vejamos:

1. *José deu a seus irmãos carros* (Gênesis 45:21). José deu a seus irmãos carros, conforme mandato de faraó, e também provisão para o caminho. A família de José é tratada como família real. Os pastores de rebanho chegam de volta em Canaã como uma comitiva real.

2. *José deu a seus irmãos vestes festivais* (Gênesis 45:22). A cada irmão deu vestes festivais, mas a Benjamim deu trezentas moedas de prata e cinco vestes festivais. As vestes festivais eram roupas caras, usadas em ocasiões solenes. Vinte e dois anos atrás, seus irmãos arrancaram à força as vestes de José (Gênesis 37:23); agora, ele presenteia-os com vestes nobres. Vinte e dois anos atrás, eles venderam José por vinte siclos de prata, agora, José dá a Benjamim trezentas moedas de prata

e cinco vestes festivais. Essa é a dádiva do amor, a evidência do perdão, a demonstração da graça.

3. *José envia a seu pai farta provisão* (Gênesis 45:23). José mandou também dez jumentos carregados do melhor do Egito e mais dez jumentos carregados de cereais e pão. Mandou, outrossim, provisão para o seu pai e também para a viagem que faria de Canaã ao Egito.

UM CONSELHO SÁBIO

Ao despedir seus irmãos, sabendo que o pecado deles estava prestes a vir à luz perante Jacó, e sabendo que era provável que proliferassem as acusações recíprocas, José dá-lhes um sábio conselho: "Não contendais pelo caminho" (Gênesis 45:24). José sabia que a longa viagem de mais de quatrocentos quilômetros de retorno a Canaã poderia suscitar muitas discussões entre eles (Gênesis 42:21-22) para levantar acusações mútuas sobre quem teria mais ou menos culpa, e assim, em vez de ser empolgante, a viagem poderia ser penosa. Uma vez que receberam o perdão de José, deveriam perdoar uns aos outros.

A questão havia sido resolvida de uma vez por todas e não havia necessidade de discuti-la, de colocar a culpa em alguém nem de determinar o tamanho dessa culpa. Era tempo de agradecer a providência divina que havia transformado a tragédia em triunfo.

Capítulo 11

JOSÉ E SEU PAI

Os irmãos de Jacó subiram do Egito à Canaã. A situação com José estava resolvida. Agora, precisariam enfrentar Jacó. Seriam obrigados a confessar ao pai o que fizeram a José tanto tempo atrás. O narrador omite a emoção dos irmãos ao darem a notícia a Jacó bem como suas palavras de pedido de perdão ao pai, enganado por eles por vinte e dois anos.

Destacamos alguns pontos.

1. *Uma informação chocante* (Gênesis 45:25-26a). A chegada deles era ansiosamente aguardada por Jacó. Afinal, Simeão estava preso e Benjamim fora liberado para descer ao Egito sob muita tensão. Quando Jacó vê os filhos se aproximando, percebe que a comitiva era maior do que a que saíra de Canaã. Tem mais animais carregados e ainda a presença de carros. Jacó percebe que eles vêm com mais alimento do que se propuseram a comprar. Para alegria de Jacó, Benjamim está de volta, salvo e seguro. Simeão foi restituído à família. Não poderia ser um cenário mais feliz para Jacó. Porém, de

repente, sem qualquer prelúdio, como que tirando um peso que os esmagava por vinte dois anos, os filhos de Jacó lhe dizem, sem rodeios: "José ainda vive e é o governador de toda a terra do Egito" (v. 26a).

2. *Uma reação paralisante* (Gênesis 45:26b). "Com isto, o coração lhe ficou como sem palpitar, porque não lhes deu crédito." Jacó desconfiava de seus filhos por todos esses anos em relação ao paradeiro de José (Gênesis 42:36). O efeito da mentira usada pelos irmãos para encobrir sua culpa ainda não tinha perdido a força. A mentira tinha destruído a paz e a integridade da comunhão em que viviam como família. Jacó não confiava mais. Seu coração esfriou. Agora seus filhos chegam com uma notícia que parece boa demais para ser verdade, mas Jacó não acredita. O velho patriarca, com 130 anos, não podia mais alimentar falsas esperanças (Gênesis 47:9). O relato dos filhos não foi capaz de libertar Jacó de sua paralisia.

Vinte e dois anos antes, Jacó tinha crido na má notícia de que José estava morto, embora essa informação fosse falsa. Agora, ele se recusa a crer na boa nova de que seu filho está vivo quando a informação é verdadeira.

3. *Um relatório minucioso* (Gênesis 45:27a). "Porém, havendo-lhe eles contado todas as palavras que José lhes falara." Os irmãos de José não omitem nada agora. São mensageiros fidedignos. A vida deles havia sido

transformada. Agora não são pregoeiros da mentira e feitores do mal, mas embaixadores da verdade e agentes do bem.

4. *Uma evidência irrefutável* (Gênesis 45:27b). "E vendo Jacó, seu pai, os carros que José enviara para levá-lo, reviveu-se-lhe o espírito." Aquele aparato de carruagens reais em Canaã, no meio de uma fome mundial, não poderia ser uma encenação enganosa. Os carros egípcios, que os filhos nunca trariam sem a permissão das autoridades do Egito, foram, para Jacó, uma sombra do próprio José. A evidência de que seus filhos estavam falando a verdade de repente se torna irrefutavelmente consistente. Imediatamente, o espírito de Jacó revive. Os olhos que choraram tantos anos são banhados de um novo brilho. Ele é tomado por alegre agitação e ânimo. Terminam duas décadas de luto. A comunhão, outrora interrompida pela notícia "José morreu", é restabelecida. A consolação divina o alcança, e Jacó já não pensa mais na possibilidade de descer triste à sepultura, perdendo a esperança na vida, mas, fortalecido por alegria indizível, apressa-se para ver seu filho amado.

Charles Swindoll diz que a partir desse momento Jacó não se interessa pelas roupas novas, pelo dinheiro de Benjamim, nem pelo cereal que os animais carregavam. A reação de Jacó ao ouvir que José está vivo é paralela à dos discípulos quando souberam que Jesus vivia: espanto e incredulidade que depois se transformam em alegria incontrolável.[1]

5. *Uma decisão inabalável* (Gênesis 45:28). "E disse Israel: Basta; ainda vive meu filho José; irei e o verei antes que eu morra." No passado, Jacó lutara contra Labão, seu sogro, por posses e bens. Agora, como Israel, o nome do pacto, ele anela por seu filho e não por posses (Gênesis 46:30). Para Jacó, ver José era o apogeu da vida, a missão cumprida, a realização maiúscula de sua carreira.

O Deus soberano havia prevalecido sobre as intrigas dos pecadores e realizado seu plano para Jacó, José e seus irmãos. Durante os quatro séculos seguintes, os hebreus ficariam no Egito, primeiro como convidados de honra e, depois, como escravos sofredores. Em meio a tudo isso, o Senhor iria moldá-los até se transformarem no povo que precisavam ser, a fim de fazer a vontade de Deus.

Assim, aos 130 anos, Jacó escuta as notícias mais alvissareiras e felizes de sua vida. José, seu filho amado por quem chorara vinte e dois anos, num luto doído, está vivo e governa o império mais poderoso do mundo. Agora é tempo de descer ao Egito e celebrar esse encontro.

---

[1] SWINDOLL. *José*, p. 185.

A PARTIDA DE JACÓ PARA O EGITO

Jacó parte com tudo o que possui rumo ao Egito, mas faz uma parada estratégica em Berseba. Antes de encontrar o filho amado no Egito, precisa prestar seu culto de adoração a Deus.

Vamos destacar alguns pontos importantes.

1. *Jacó oferece sacrifícios a Deus* (Gênesis 46:1). Jacó tem seu coração cheio de gratidão. Os sonhos de seu filho José não eram fantasias, mas revelação divina. Deus não havia perdido o controle da história, mas estava trabalhando nas circunstâncias para exaltar José. Então, Jacó faz uma parada estratégica em Berseba para oferecer sacrifícios ao Deus de seu pai.

Berseba era a última cidade da antiga pátria antes da fronteira com o Egito. Em Berseba estava o santuário dos patriarcas. Berseba havia sido um local litúrgico para Abraão e Isaque, mas não para Jacó. Ao adorar junto ao altar que Isaque construíra, Jacó mostra que adora o mesmo Deus de seus pais.

Berseba era também um lugar muito especial para Jacó, pois Abraão havia cavado um poço naquele local e feito aliança com Abimeleque, invocando o nome do Senhor, o Deus eterno (Gênesis 21:30-33), e viveu ali depois de oferecer Isaque no monte Moriá (Gênesis 22:19). Isaque também viveu em Berseba (Gênesis 26:23,32,33), e foi de seu lar em Berseba que Jacó partiu para casa de Labão em busca de uma esposa. Em Berseba, Deus apareceu a Agar (Gênesis 21:17), a Isaque (Gênesis 26:23-24) e ainda apareceria a Jacó. A odisseia de Jacó fora da terra prometida começa e termina em Berseba (Gênesis 28:10; 46:1).

O local e o caráter do culto oferecido por Jacó indicam sua estrutura mental, pois Berseba fora o principal centro em torno do qual Isaque vivera. Dirigindo-se a Deus como "Deus de seu pai", Jacó reconhecia a vocação espiritual de sua família.

2. *Deus fala com Jacó* (Gênesis 46:2-4). O Jacó que passara vinte e dois anos chorando debaixo do gelado silêncio de Deus, agora, escuta novamente a voz do Senhor, que se apresenta a ele como o Deus de seu pai, o Deus da aliança. A exclamação: "Jacó! Jacó!" nos faz lembrar de "Abraão, Abraão" (Gênesis 22:11), "Samuel, Samuel" (1Samuel 3:10), "Marta, Marta" (Lucas 10:41) e "Saulo, Saulo" (Atos 9:4). Em Berseba, Deus ordenou Jacó a descer ao Egito sem qualquer temor. Mas por que Jacó poderia ter medo em descer ao Egito? Primeiro, porque já era velho; segundo, porque o Egito lhe trazia más memórias (Gênesis 12:10-20); terceiro, porque o Egito era uma terra pagã; quarto, porque sabia que o Egito traria, no futuro, grande sofrimento aos seus descendentes (Gênesis 15:13). Em Berseba Deus não apenas lidou com os medos de Jacó, mas também lhe fez três promessas.

A primeira promessa foi de multiplicação (Gênesis 46:3b): "Porque lá eu farei de ti uma grande nação". Na verdade Deus reitera a Jacó as promessas que fizera a ele em Betel (Gênesis 28:14). O Egito seria o lugar da preservação de sua família e o berço que Deus usaria para transformar seu clã numa grande nação.

A segunda promessa foi de companhia (Gênesis 46:4a): "Eu descerei contigo para o Egito e te farei tornar a subir, certamente". Mais importante do que as bênçãos de Deus é o Deus das bênçãos. Mais importante do que multiplicação no Egito é a presença de Deus no processo de multiplicação. Os descentes de Jacó, no tempo oportuno de Deus, retornariam a Canaã para possuírem a terra. Essa é uma referência profética ao grande êxodo de Israel do Egito.

A terceira promessa foi de consolo pessoal (Gênesis 46:4b): "A mão de José fechará os teus olhos". Com essa promessa, Deus mostra a Jacó que José vai cuidar de tudo o que diz respeito a ele. Viverá uma velhice sem preocupações e não perderá José nunca mais. Jacó não morrerá amargurado, na solidão do luto, mas seu filho amado estará com ele quando tiver que atravessar o vau da morte. Seu corpo seria levado de volta a Canaã e sepultado na caverna em que jaziam Abraão, Sara, Isaque, Rebeca e Lia (Gênesis 49:30-31). Firmando-se nessas promessas, Jacó deixou Canaã e rumou para o Egito. É digno de nota que enquanto José viveu seus primeiros dezessete anos sob o cuidado de Jacó, este viverá seus últimos dezessete anos sob o cuidado de José (Gênesis 47:8,28).

3. *Jacó parte para o Egito com sua família* (Gênesis 46:5-7). Jacó se levantou de Berseba, mas foram seus filhos que o levaram, bem como a seus filhinhos e suas mulheres, nos carros que faraó enviara para transportá-los (v. 5). Jacó segue intrépido rumo ao Egito, não em busca de riquezas, de conforto e de segurança, mas movido de amor por um filho. Nessa jornada, Jacó não deixa nada para trás. Traz consigo todo o gado e os bens que havia adquirido na terra de Canaã (v. 6). Jacó não deixa ninguém. Leva toda a sua família: filhos, noras e netos; enfim, toda a sua descendência (v. 7).

4. *Jacó leva consigo os filhos de Lia e seus descendentes* (Gênesis 46:8-15). Rúben, Simeão, Levi, Judá, Issacar, Zebulom, Diná e seus respectivos filhos, ao todo trinta e três pessoas.

5. *Jacó leva consigo os filhos de Zilpa e seus descendentes* (Gênesis 46:16-18). Gade e Aser e seus respectivos filhos. Digno de nota é que dentre os descendentes de Zilpa há menção de dois bisnetos de Jacó, ou seja, Héber e Malquiel. Ao todo, dezesseis pessoas.

6. *Jacó leva consigo os filhos de Raquel e seus descendentes* (Gênesis 46:19-22). Os filhos de Raquel foram José e Benjamim. José já estava no Egito com seus dois filhos, Manassés e Efraim (v. 20). Benjamim, por sua

vez teve dez filhos: Bela, Bequer, Asbel, Gera, Naamã, Eí, Rôs, Mupim, Hupim e Arde. Os descendentes de Raquel foram quatorze pessoas. Concordo com Henry Morris quando diz que, muito embora os dez filhos de Benjamim muito provavelmente não tenham nascido em Canaã, eles foram listados com o objetivo de fazer parte deste rol de membros fundadores da nação, uma vez que todos os netos de Jacó foram reconhecidos entre os fundadores. Eles estavam nos lombos de Benjamim quando desceram ao Egito com Jacó.[2]

7. *Jacó leva consigo os filhos de Bila e seus descendentes* (Gênesis 46:23-25). Dã e Naftali com seus respectivos filhos também desceram com Jacó para o Egito, ao todo sete pessoas. Essa é a menor das quatro famílias de Jacó.

8. *A totalidade da família de Jacó no Egito* (Gênesis 46:26-27). A lista dos setenta da casa de Jacó está organizada de acordo com as mães dos filhos de Jacó. Isso demonstra a grande importância dada às mulheres como mães. A lista dispõe a família em seus grupos, dividindo-os entre Lia e Raquel: primeiro os descendentes de Lia e sua serva Zilpa (33 mais 16); depois os de Raquel e Bila (14 mais 7). Isto dá um total de 70, conforme os subtotais arrolados nos versículos 15,18,22,25. Diná (Gênesis 46:15) deve ser acrescentada, totalizando 71,

[2] MORRIS. *The Genesis Record*, p. 633.

e cinco nomes devem ser subtraídos: Er e Onã, enterrados em Canaã (v. 12), e José, Manassés e Efraim, já no Egito (v. 20), para chegar-se ao número da progênie de Jacó que de fato viajou com ele, isto é, 66 (v. 26). O versículo 27 acrescenta depois os dois filhos de José e, por inferência, o próprio José, além de Jacó, para dar a soma de "todas as almas da casa de Jacó", que chegaram ao Egito mais cedo ou mais tarde, na história. As noras, embora membros da família, não são contadas, que se referem somente aos descendentes de Jacó propriamente ditos.

O clã do patriarca Jacó no Egito somou setenta pessoas (Êxodo 1:5; Deuteronômio 10:22). Porém, a referência em Atos 7:14 à mudança de Jacó para o Egito menciona setenta e cinco pessoas. Não há qualquer discrepância. O registro de Atos 7:14 segue a tradução grega, que inclui cinco descendentes de José. A genealogia em Gênesis 46:8-27 é repetida verbalmente de forma abreviada em Êxodo 1:1-5 para dar sequência à história do povo de Israel como nação, do Egito ao Sinai.

A nação em miniatura é representada pelo número ideal e completo (Gênesis 5:5; 10:2; 46:8; Deuteronômio 10:22) e como sendo um microcosmo das nações (Gênesis 10:1-32; Deuteronômio 32:8), uma vez que setenta é o múltiplo de dois números perfeitos. Quatrocentos anos depois, as setenta pessoas já eram uma grande nação. Saíram do Egito rumo à terra prometida seiscentos mil homens, fora mulheres e crianças, cerca de dois milhões de pessoas (Êxodo 12:37).

O ENCONTRO DE JACÓ COM JOSÉ

Com o coração palpitando de fortes emoções, Jacó entra no Egito; com a alma em festa, José espera para abraçar o pai. Cinco fatos são dignos de registro.

1. *Judá, o precursor do pai* (Gênesis 46:28). Judá definitivamente havia assumido a liderança dos filhos de Jacó. Agora, é o embaixador do pai para conduzi-lo até Gósen, onde encontrará José. Cabe somente a Judá, que assumiu a responsabilidade de separar José de Jacó (Gênesis 37:26), o papel de organizar a reunião do encontro do pai com o filho amado.

2. *José vai ao encontro do pai* (Gênesis 46:29). "Então, José aprontou o seu carro e subiu ao encontro de Israel, seu pai, a Gósen. Apresentou-se, lançou-se-lhe ao pescoço e chorou assim longo tempo." Este é o encontro apoteótico no livro de Gênesis. Não de um governador exaltado esperando por seus servos, mas de um filho ansioso correndo a saudar seu pai amado. As lágrimas amargas da saudade transformam-se em torrentes de alegria. Abraçados por um longo tempo, pai e filho não têm qualquer palavra, apenas a emoção do encontro. Ao cumprimentar o pai, José deixa de ser o

alto oficial do governo que sai para receber sua família e volta a ser simplesmente filho.

3. *Jacó faz uma confissão aliviada a José* (Gênesis 46:30). "Disse Israel a José: Já posso morrer, pois já vi o teu rosto, e ainda vives." As ondas e vagas passaram sobre a cabeça de Jacó trazendo-lhe muito sofrimento por longos anos. Jacó, que já dava o filho José como morto (Gênesis 42:36), ao chorar abraçado com ele está dizendo que não espera mais nada na vida depois de ter visto o rosto do filho amado. Já tinha alcançado seu maior desejo. Agora estava pronto para morrer. Jacó tivera uma experiência anterior com a visão de um rosto, depois da qual jamais voltaria a ser o mesmo. Era o rosto de Deus. Jacó viu o rosto de Deus, contudo, continuou vivo. Tendo visto o rosto de José, não carece viver mais. O homem que temia que seus filhos o conduzissem à sepultura em pranto, agora pode morrer em paz.

Porém, por bondade de Deus, Jacó ainda desfrutou de mais dezessete anos na companhia de sua família pacificada. As palavras de Jacó nos fazem lembrar das palavras de Simeão ao contemplar o menino Jesus: "Agora, Senhor, pode despedir em paz o teu servo, segundo a tua palavra; porque os meus olhos já viram a tua salvação" (Lucas 2:29-30).

4. *José comunica ao faraó a chegada de sua família* (Gênesis 46:31-32). José vai ao faraó para comunicar

que sua parentela acabava de chegar, que seus irmãos eram pastores, homens de gado e que haviam trazido com eles seus rebanhos e todos os seus bens. O objetivo da audiência era obter a confirmação expressa de faraó de que eles poderiam ficar na terra de Gósen, uma terra de pastagens, onde os rebanhos do próprio faraó pastavam (Gênesis 47:6b). A terra de Gósen ficava na região nordeste do delta do Nilo, uma área de aproximadamente dois mil e trezentos quilômetros quadrados de solo fértil e excelentes pastagens. José articula seu plano de introduzir a família diante de faraó como pastores, de modo que faraó os mantenha longe dos egípcios e os estabeleça em Gósen, onde exerçam a profissão sem influência da cultura e da religião egípcia, e onde floresçam como povo sem se contaminar com casamentos inter-raciais.

5. *José orienta seus irmãos* (Gênesis 46:33-34). José orienta seus irmãos a dizer ao faraó que eram homens de gado desde a juventude e que procediam de uma família de pastores. Isso visava abrir portas para habitarem na terra de Gósen, uma vez que tal profissão era abominável para os egípcios. Vemos nas palavras de José sua sabedoria em dois aspectos:

Primeiro, mostravam a faraó que seus irmãos eram pastores e queriam continuar sendo pastores, não tendo quaisquer outras ambições de subir na vida sob a proteção de seu irmão, o governador do Egito.

Segundo, José também adverte seus irmãos a não ultrapassar irrefletidamente o limite da corte de faraó, à qual ele mesmo pertence em decorrência de seu cargo. Mesmo que os pastores sejam detestáveis aos egípcios, José quer que sua família seja honesta. Ele também quer isolar a família para que ela mantenha sua identidade singular até que as promessas patriarcais se concretizem.

Capítulo 12

José, grande líder em tempo de crise

O capítulo 47 de Gênesis destaca a liderança de José em tempo de crise. Ele é o homem que faz a ponte entre sua família e o faraó, que administra a crise da fome mundial e que promete a seu pai que o sepultará com sua parentela em Hebrom, na caverna de Macpela.

José apresenta seus irmãos a faraó

Com sua família levada a Gósen, era hora de José tomar as medidas legais para dar a eles o "visto de entrada" e estabelecê-los no Egito.

Destacamos seis pontos importantes.

1. *Uma apresentação amável* (Gênesis 47:1-2). Muito embora José fosse governador do Egito, precisava do aval de faraó para estabelecer sua família na terra como estrangeiros residentes. Por isso, comunica o rei que seu pai e seus irmãos, com seus rebanhos, gado e tudo o que

tinham, haviam chegado no Egito e estavam na terra de Gósen. José escolhe dentre seus onze irmãos cinco para irem com ele, a fim de apresentá-los representativamente ao faraó.

2. *Uma pergunta intrigante* (Gênesis 47:3a). O faraó, ao recebê-los, faz-lhes a mais comum das perguntas dos governantes, uma pergunta estratégica: "Qual é o vosso trabalho?". Ele pergunta pela profissão dos irmãos de José e sua situação de vida.

3. *Uma resposta estratégica* (Gênesis 47:3b-4a). Eles respondem conforme haviam sido instruídos por José: "Os teus servos somos pastores de rebanho, assim nós como nossos pais" (v. 3b). Além de responderem sua ocupação, falam também acerca dos motivos que os trouxeram ao Egito: "Viemos habitar nesta terra; porque não há pasto para o rebanho de teus servos, pois a fome é severa na terra de Canaã" (v. 4a). Com isso, estão dizendo que sua estada no Egito será temporária, sem querer para si mesmos os mesmos direitos que os habitantes do país.

4. *Um pedido humilde* (Gênesis 47:4b). Depois de afirmarem sua profissão e seu projeto de não se estabelecerem de forma permanente no Egito, os irmãos de José fazem ao faraó um humilde pedido: "Agora, pois, te rogamos permitas habitem os teus servos na terra de

Gósen" (v. 4b). Essa era uma terra ribeirinha, banhada pelas águas do Nilo, a região mais fértil do Egito.
5. *Uma concessão feita* (Gênesis 47:5-6). Pedido feito, pedido atendido. O faraó, por gratidão a José, como comandante-em-chefe da nação, confere a ele o privilégio de outorgar à sua família o pleito feito, fazendo-os habitar na terra de Gósen.
6. *Um emprego garantido* (Gênesis 47:6b). Ao saber que os irmãos de José eram pastores, e esperando que tivessem o mesmo estofo moral do irmão, o faraó ordena a José que constitua seus irmãos como chefes do gado real. Assim, os irmãos de José passam a ser empregados de faraó, cuidando dos rebanhos do supremo comandante da nação.

JOSÉ APRESENTA SEU PAI A FARAÓ

Depois que as coisas estavam assentadas, José levou seu pai a faraó, para fazer uma apresentação formal do patriarca ao rei. Destacamos alguns pontos.
1. *Jacó abençoa faraó* (Gênesis 47:7). O patriarca está na frente do rei, e aquele abençoa a este. O faraó é o mais rico e o mais poderoso homem do mundo, mas Jacó é maior do que ele, pois o abençoa. O narrador usa aqui a mesma cena em que Melquisedeque abençoa Abrão (Gênesis 14:19). O autor aos Hebreus,

referindo-se a este episódio, escreve: "Evidentemente, é fora de qualquer dúvida que o inferior é abençoado pelo superior" (Hebreus 7:7). Portanto, para o narrador, assim como Melquisedeque era superior a Abraão, o velho patriarca Jacó é superior ao poderoso faraó. Visto pelos olhos da fé, o maior está abençoando o menor. O contraste entre o poderoso rei do Egito e o pobre pastor nômade Jacó estabelece a peculiaridade e, ao mesmo tempo, a dignidade dessa bênção.

2. *Faraó interroga Jacó* (Gênesis 47:8). "Perguntou faraó a Jacó: Quantos são os dias dos anos da tua vida?" A pergunta do faraó define bem o significado da existência. Não devemos medir a vida apenas pelo critério dos anos, mas sobretudo pela realidade dos dias. Cada dia é um tempo único e ao mesmo tempo um milagre da providência.

3. *Jacó responde o faraó* (Gênesis 47:9). A resposta de Jacó deixa claro o que ele entendia pela vida. Como diz Matthew Henry, o faraó faz uma pergunta comum para Jacó e este lhe dá uma reposta incomum.[1] Dois pontos devem ser destacados:

Primeiro, Jacó define sua vida como peregrinação (v. 9a). Ele usa uma metáfora para definir o significado de sua vida. Para Jacó, sua vida havia sido de peregrino,

---

[1] HENRY. *Comentário bíblico*, p. 207.

pois era forasteiro, um nômade na busca do lar permanente que não está na terra. Ele buscava a cidade eterna (Hebreus 11:13-16). Para Jacó, peregrinação é renúncia à estabilidade e às propriedades, é uma vida orientada para a realização futura, a saber, a promessa da terra repetidamente assegurada aos pais. Com essa resposta, Jacó desvia a atenção do número para o conteúdo de seus anos.

Segundo, Jacó define seus dias como poucos e maus (v. 9b). Muito embora Jacó já tivesse 130 anos, comparado com seu avô Abraão, que morreu aos 175 anos (Gênesis 25:7) e seu pai Isaque, que morreu com 180 (Gênesis 35:28), seus dias eram poucos. Jacó define seus dias não apenas como "poucos", mas também como "maus". A vida de Jacó não havia sido de amenidades. Foram muitas lutas, muitas lágrimas e muito sofrimento. Sua existência foi amarga e cheia de preocupações. As longas fases de sofrimento de Jacó abreviaram seus dias e encurtaram sua vida.

José estabelece sua família na melhor terra do Egito

Tendo Jacó abençoado o faraó e saído de sua presença, era hora de sua família começar a vida no novo país. Duas coisas devem ser destacadas.

1. *José dá à sua família possessão na terra do Egito* (Gênesis 47:10-11). Enquanto os egípcios vendiam suas terras em troca de comida (Gênesis 47:19-20), a família de Jacó teria posse da melhor terra do Egito, a terra de Ramessés. José instala sua família e lhe dá propriedades.

2. *José sustenta a sua família* (Gênesis 47:12). Os cinco anos mais severos da fome estavam por vir. Nesse tempo de grande angústia, José sustentou com pão seu pai, seus irmãos e toda a casa de seu pai, segundo o número de seus filhos. José foi não só o provedor do mundo, mas sobretudo o provedor de sua família.

José compreendeu que seus irmãos não eram alvos de retaliação, mas objetos de seu cuidado. Ele não pagou o mal com o mal, mas pagou o mal com o bem. José não apenas perdoou seus irmãos, mas também foi o provedor deles. Não basta deixar de fazer o mal aos que nos fazem mal, devemos também lhes fazer o bem.

José cuidou de seus irmãos antes de o pai morrer e depois da morte de seu pai. Seu cuidado pelos irmãos não era uma forma de impressionar Jacó, mas uma atitude generosa de quem compreende que Deus está no controle e trabalha para aqueles que nele esperam. Devemos buscar sempre uma oportunidade para servir quem um dia nos tratou com desamor.

JOSÉ ADMINISTRA A CRISE DE FOME NO EGITO

A política agrária usada por José nos últimos cinco anos da fome é matéria de acirrados debates e discussões. Há aqueles que o reprovam e aqueles que o enaltecem. Alguns consideram sua política vergonhosa e intrinsicamente dura, como se José fosse um déspota sem moral. Do ponto de vista antissemita, a política agrária de José era a seguinte: José recolhe todo o dinheiro em circulação para o caixa do faraó; quando não há mais dinheiro, as pessoas são forçadas a penhorar até a última vaca; no fim, totalmente exauridas, oferecem suas terras e até a si mesmas. São arrancadas de seu chão e deportadas para outras regiões, onde são obrigadas a trabalhar como escravas para o faraó — uma imagem chocante da ruína de um país e de um povo.[2]

Opondo-se a essa visão antissemita, entendemos que a sabedoria de José foi notória, não apenas multiplicando celeiros pelo país para recolher os cereais nos anos de fartura, mas também claramente demonstrada na maneira de escoar esse produto de maneira controlada, à medida que o povo precisava. Embora, como mostramos, alguns pensam que José tenha sido um

---

[2] BRÄUMER. *Gênesis*, p. 306.

tirano, o povo egípcio não o viu como opressor, mas como provedor (Gênesis 47:25).

À luz desses dados, destacaremos alguns pontos importantes.

1. *José arrecada todo o dinheiro* (Gênesis 47:13-15). A seca implacável assolava a terra. Tanto no Egito como em Canaã, as pessoas desfaleciam por causa da fome. Nesse tempo, José recolheu todo o dinheiro em circulação tanto no Egito quanto em Canaã através da venda do cereal e guardou esses valores nos cofres de faraó. José demonstra lisura no trato da coisa pública. Ele não reteve nada para si. Não se locupletou nem se enriqueceu usando mecanismos de corrupção. Charles Swindoll destaca a integridade de José nas seguintes palavras:

> Na sua administração José manteve-se fiel a Deus e a si mesmo. A distribuição foi feita decentemente e em ordem. Todo o dinheiro foi para onde devia ir. Não houve fraude. Ele não abriu nenhuma conta no exterior. Não separou nenhuma verba para suborno. José agiu com absoluta integridade e ao fazer isso garantiu a sobrevivência dos egípcios, dos cananeus, dos hebreus e de outros povos. Quando trabalhara para Potifar, muitos anos antes, ele demonstrou a mesma honestidade que agora. Mais de duas décadas se passaram, os papéis desempenhados por

ele mudaram dramaticamente, mas sua integridade permaneceu intacta.[3]

2. *José compra todo o gado* (Gênesis 47:16-17). Quando acabou o dinheiro e cresceu a fome no Egito e em Canaã, o povo foi a José pedindo pão. Não podiam sobreviver sem alimento. A morte lhes mostrava a carranca medonha. José não distribui alimento de graça. Não adota uma política assistencialista. Ele ordena o povo a trazer o gado em troca do suprimento. Depois que o dinheiro acabou, José aceita o gado dos egípcios como pagamento. Assim, ele reúne não apenas todo o dinheiro nos tesouros de faraó, mas também todos os rebanhos: cavalos, gado e jumento. José sustentou o povo com pão todo aquele ano em troca de gado. Concordo com Bräumer quando diz que o gado não foi entregue, mas emprestado, uma vez que não havia lugar para recolher os enormes rebanhos. Porém, todo rebanho passou a ser propriedade de faraó, muito embora os antigos proprietários mantivessem o usufruto.[4]

3. *José compra todas as terras e torna todos servos de faraó* (Gênesis 47:18-21). No ano seguinte, não havia mais comida nas casas. Então, o povo foi a José novamente, dizendo que não tinha mais dinheiro nem rebanho. O

---

[3] SWINDOLL. *José*, p. 207-208.
[4] BRÄUMER. *Gênesis*, p. 306.

que lhes restava era seu corpo e a terra. Oferecem suas terras e a si mesmos como escravos de faraó em troca de pão. Não tinham alternativas. A morte estava à espreita. José então compra toda a terra do Egito para o faraó porque os egípcios venderam cada um seu campo, porquanto a fome era extrema sobre eles; e a terra passou a ser de faraó. Quanto ao povo, José o escravizou de uma a outra extremidade do Egito. Bräumer esclarece que os egípcios não se tornaram escravos de faraó da forma com que tinham se oferecido. José transformou-os em "arrendadores". Isso pode ser depreendido do fato de que o próprio José não usou a palavra escravo, que ele conhecia bem por causa de sua experiência anterior, nem exigiu domínio absoluto sobre as pessoas. Na verdade, lhes entregou sementes para que servissem de capital inicial, determinando uma taxa de arrendamento de vinte por cento. A simples observação de que os egípcios podiam guardar para si oitenta por cento do produto já exclui escravidão.[5]

4. *José não compra as terras dos sacerdotes* (Gênesis 47:22). A única exceção foi a terra dos sacerdotes e a terra de Gósen, onde sua família habitava. Ambas eram relacionadas a José. A terra dos sacerdotes estava ligada à família de sua mulher, e a terra de Gósen à família de seu pai.

---

[5] BRÄUMER. *Gênesis*, p. 307.

5. *José lança o vitorioso plano pós-crise* (Gênesis 47:23-26). José reestrutura a economia do país com criatividade inovadora. Passada a seca, era tempo de semeadura. José já havia comprado as terras, o gado e até mesmo as pessoas. Então, em vez de escravizá-los e oprimi-los, José oferece-lhes sementes para semearem a terra, exigindo um tributo de vinte por cento da safra para faraó. José recolhe um quinto para o tesouro nacional e deixa com o povo oitenta por cento para sua manutenção. O povo não se sente explorado por José, mas é grato a ele por sua sábia administração, dizendo: "A vida nos tens dado! Achamos mercê perante meu senhor e seremos escravos de faraó" (v. 25). O tributo de vinte por cento destinado ao faraó foi uma decisão tão acertada que perdurou até o tempo em que o narrador registra os acontecimentos (v. 26). Nas palavras de Charles Swindoll, "a inovação que leva a um plano bem-sucedido se torna uma norma viável".[6]

JOSÉ FAZ SOLENE JURAMENTO A SEU PAI

O narrador volta sua atenção à família de Jacó, que não apenas sobreviveu à crise, mas depois dela floresceu e se multiplicou. Destacamos três pontos importantes.

---

[6] SWINDOLL. *José*, p. 215.

1. *José mantém sua família na terra de Gósen* (Gênesis 47:27). Por providência divina, no Egito o clã de Jacó se torna uma grande nação. Enquanto a economia do mundo estava combalida por causa da crise, a família de Jacó prosperava, era fecunda e se multiplicava.

2. *José convive dezessete anos com seu pai no Egito* (Gênesis 47:28). Jacó havia desfrutado da companhia de José nos seus primeiros dezessete anos. Agora é José quem desfruta dos últimos dezessete anos de seu pai. Jacó subiu para o Egito com 130 anos (v. 9) e fecha as cortinas de sua vida aos 147 anos (v. 28).

3. *José faz juramento a seu pai* (Gênesis 47:29-31). As glórias do Egito não apagaram no coração de Jacó seu compromisso com a fé de seus pais Abraão e Isaque. O Egito nunca deixou de ser terra estranha para Jacó. Tinha plena consciência da promessa divina de dar a ele e à sua descendência a terra de Canaã (Gênesis 28:13-15; 46:1-4). Ao perceber que a hora de sua morte chegava, roga a José para lhe fazer o juramento solene de que não o sepultaria no Egito, mas com seus pais, na sepultura deles na caverna de Macpela. Tendo José atendido seu pedido, sob juramento, Jacó se inclinou sobre a cabeceira da cama.

James Montgomery Boice destaca que a Bíblia é um livro de vida e justifica dizendo que há poucos registros sobre a hora da morte dos mais importantes personagens bíblicos. Quando a Bíblia fala da morte de Abraão, aos 175 anos, faz um relato breve: "Expirou Abraão; morreu em ditosa velhice, avançado em anos; e foi reunido ao seu povo" (Gênesis 25:8). A morte de Isaque aos 180 anos, de igual forma, é relatada de forma breve: "Foram os dias de Isaque cento e oitenta anos. Velho e farto de dias, expirou Isaque e morreu, sendo recolhido ao seu povo" (Gênesis 35:28-29). No Novo Testamento, a morte dos mais destacados personagens, incluindo o apóstolo Paulo, sequer é registrada. É surpreendente, nesse contexto, que a morte de Jacó seja extensamente documentada. Ela começa ser relatada em Gênesis 47, mas só ocorre no final do capítulo 49. A metade de Gênesis 50 trata do sepultamento de Jacó, de tal forma que quatro capítulos de Gênesis lidam com a morte de Jacó. Três cenas ocupam o cenário de sua morte: primeira, Jacó encontra José para lhe rogar, sob juramento, que seu corpo seja sepultado em Hebrom, na caverna de Macpela e não no Egito; segunda, Jacó encontra os filhos de José, Manassés e Efraim, a fim de abençoá-los; terceira, Jacó chama todos os seus filhos, abençoando-os profeticamente, revelando o futuro das tribos que dele procediam.[7]

---

[7] BOICE. *Genesis*, p. 1140-1141.

Capítulo 13

José e seus filhos

Jacó já havia feito José prometer, sob juramento, que não o sepultaria no Egito, mas em Canaã, junto à sua parentela, na caverna de Macpela. Agora, doente e perto de morrer, precisa liderar sua família com respeito ao futuro. O testemunho final de Jacó começa e termina com Deus. Jacó abre seu testemunho com Deus aparecendo para ele em Betel, onde sua vida espiritual começou (Gênesis 48:3), e conclui referindo-se a Deus que lhe dera o privilégio de não apenas ver novamente a José, mas também de conhecer os filhos deste (Gênesis 48:11).[1]

Vamos destacar alguns pontos importantes desta passagem.

A enfermidade de Jacó

O narrador silencia acerca dos dezessete anos que Jacó viveu entre sua chegada ao Egito e sua morte. Jacó tem

[1] BOICE. *Genesis*, p. 1148-1149.

uma clara percepção de que sua morte se aproxima. Não pode partir sem antes cumprir sua missão profética de abençoar os filhos, os cabeças das doze tribos de Israel. Destacamos três fatos.

1. *A informação* (Gênesis 48:1a). José é informado que seu pai está enfermo. Talvez sua agenda assaz congestionada com os assuntos do governo não lhe permitisse desfrutar constantemente da companhia do pai. Não sabemos quem o informa sobre a enfermidade do pai. A palavra "enfermo" aparece pela primeira vez na Bíblia, referindo-se a uma doença que levaria à morte.

2. *A visita* (Gênesis 48:1b). Ao ser informado sobre a doença de seu pai, sem tardança, José vai com seus dois filhos, Manassés e Efraim, visitá-lo. Sua presteza em ir revela seu amor ao pai. Sua disposição de levar consigo os dois filhos mostra a importância que dava à família.

3. *O esforço* (Gênesis 48:2). Quando Jacó fica sabendo que seu filho e seus netos vinham visitá-lo, esforça-se para se assentar no leito. O homem que havia lutado com Deus uma noite inteira aos 97 anos (Gênesis 32:24-30), aos 130 precisa se esforçar para se assentar no leito da enfermidade. Jacó se deteriorara da habitação em Gósen (Gênesis 47:27) para a habitação no leito. Jacó, cujo espírito desfalecera com as notícias da morte de José (Gênesis 37:35), reviveu quando descobriu que ele vivia (Gênesis 45:27). Agora, ainda

que doente, renova suas forças para comunicar a bênção, justamente como Isaque renovou suas forças para abençoar seus filhos. Mesmo Jacó tendo passado por tantos dissabores, suas últimas palavras não são de amargura, mas de fé. Ele não falou sobre as dificuldades da vida, mas sim sobre o Deus todo-poderoso (Gênesis 48:3,11,15,20,21) e sobre aquilo que Ele havia feito por seu servo.

A ADOÇÃO DOS FILHOS DE JOSÉ

Como expressão de amor por José, Jacó toma a decisão de adotar seus filhos, para elevá-los ao *status* de pais fundadores, tornando-os assim parte das doze tribos de Israel. José é duplamente honrado ao ter dois de seus filhos como cabeças de tribos. Ele consagra seus filhos, nascidos de uma mãe egípcia, ao Deus de Israel e à aliança de seu povo.

Destacamos alguns pontos importantes.

1. *Uma retrospectiva* (Gênesis 48:3-4). Jacó faz uma retrospectiva de sua vida, quando o Deus todo-poderoso, *El Shaddai*, apareceu enquanto Jacó fugia de casa rumo a Padã-Arã, em Luz, Betel, na terra de Canaã. *El Shaddai* significa "Eu sou autossuficiente. Eu sou aquele que diz: Deus basta". Ali, aos 77 anos, Jacó recebe duas promessas de Deus: primeiro, uma promessa de multiplicação: "Eis que te farei fecundo, e te multiplicarei,

e te tornarei multidão de povos" (v. 4a); segundo, uma promessa de possessão da terra: "E à tua descendência darei esta terra em possessão perpétua" (v. 4b). Essa promessa de multidão de povos é limitada a Efraim (v. 19-20). Durante a monarquia dividida (931-722 a.c.), os descendentes de Efraim, como a tribo mais poderosa, algumas vezes deram seu nome a todos os povos que formaram o reino do norte (cf. Isaías 7:2,5,8,9; Oseias 9:13; 12:1,9).

2. *Uma adoção* (Gênesis 48:5). "Agora, pois, os teus dois filhos, que te nasceram na terra do Egito, antes que eu viesse a ti no Egito, são meus; Efraim e Manassés serão meus, como Rúben e Simeão." Jacó quer passar as promessas do pacto, junto com as respectivas obrigações, para seus descendentes. Já conhecia a vontade de Deus quanto a qual filho seria separado para este privilégio, mas não contou a ninguém. Jacó escolhe os dois filhos de José dentre os seus cinquenta e dois netos (Gênesis 46:7-27).

É digno de nota que Jacó nunca tenha se esquecido de Raquel, sua esposa amada; agora quer honrá-la, elevando esses netos à condição de filhos e, por conseguinte, de tribos em Israel. Vale destacar que os filhos de José têm nesse tempo mais de vinte anos. O nome de José seria perpetuado por outros filhos que nasceriam (Gênesis 48:6). Jacó decidiu legitimar esses dois filhos de José como pais e chefes de tribos de Israel, contando-os entre seus próprios filhos, colocando-os no mesmo nível de seus filhos mais velhos, Rúben e Simeão. Essa declaração de adoção (Gênesis 48:5,16) deixou sua duradoura marca na estrutura de Israel, pois Efraim herdou a chefia de todos os doze, chefia perdida por Rúben (Gênesis 49:4). O livro de 1Crônicas estabelece a posição: "Quando os filhos de Rúben, o primogênito de Israel (pois era o primogênito, mas, por ter profanado o leito de seu pai, deu-se a sua primogenitura aos filhos de José, filho de Israel; de modo que, na genealogia, não foi contado como primogênito. Judá, na verdade, foi poderoso entre seus irmãos, e dele veio o príncipe; porém o direito de primogenitura foi de José" (1Crônicas 5:1-2).

José ficou no lugar de Rúben, o primogênito de Jacó (Gênesis 49:3,4; 1Crônicas 5:2); assim, seus filhos substituíram Simeão e Levi (Gênesis 49:5-7), o segundo e o terceiro filhos de Jacó. Os levitas não receberam herança alguma na terra prometida, vivendo em quarenta e oito cidades espalhadas por Israel (Números 18:20; Deuteronômio 18:2; Josué 13:33; 14:4; 21:1-45), e Simeão acabou assimilado pela tribo de Judá (Juízes 19:1-9). Desse modo, Deus castigou Levi e Simeão por sua fúria violenta em Siquém (Gênesis 34:25-31).

Da longa carreira de Jacó, o livro de Hebreus seleciona este episódio como seu notável ato de fé: "Pela fé Jacó, quando estava para morrer, abençoou cada um dos filhos de José e, apoiado sobre a extremidade do seu bordão, adorou" (Hebreus 11:21).

3. *Uma justificativa* (Gênesis 48:6-7). Jacó diz a José que os demais filhos que gerar seriam seus, mas Efraim e Manassés seriam contados na história como filhos de Jacó, pois fariam parte das doze tribos. Jacó justifica essa decisão em virtude de seu acendrado amor a Raquel, mãe de José, que morreu precocemente de parto, na terra de Canaã, ao dar à luz Benjamim. Com a adoção de Efraim e Manassés como filhos de Jacó, José fica no mesmo nível do pai. Ele é, de certa forma, o quarto patriarca do povo, depois de Abraão, Isaque e Jacó.

4. *Uma cerimônia de adoção* (48:8-12). Feitos os esclarecimentos, chegara a hora da cerimônia de adoção, com os dois jovens assentados sobre os seus joelhos e a imposição de mãos. Em virtude de uma deficiência visual, Jacó vê os filhos de José, mas não tão claramente a ponto de reconhecê-los (v. 8-9). A cerimônia começa com o reconhecimento de Efraim e Manassés por parte de Jacó e termina com a gratidão de José a Deus.

Destacamos alguns pontos importantes.

Primeiro, os filhos são presentes de Deus (v. 8-9a). Ao ser interrogado por Jacó acerca de seus filhos, José responde a seu pai, dizendo: "São meus filhos, que Deus me deu aqui". Os filhos são herança do Senhor (Salmos

127:3). Pertencem mais a Deus do que a nós. Os filhos são o melhor e o mais amado bem entre todos os bens.

Segundo, a afeição familiar (48:9b-10). Jacó ordena José a lhe fazer chegar os seus filhos, com o propósito de abençoá-los. Mesmo não enxergando direito, Jacó recebe seus netos, beija-os e abraça-os, demonstrando seu caloroso afeto.

Terceiro, a gratidão familiar (v. 11). O Jacó, que nem sequer alimentava a esperança de ver José, pois já o considerava morto, tem o privilégio de abraçar e beijar os filhos de José, seus netos. Deus lhe dava privilégios muito além de suas expectativas.

Quarto, a reverência familiar (v. 12). José tira seus filhos de sobre os joelhos de seu pai e inclina-se diante da sua face. O governador do Egito se prostra diante do velho patriarca.

A BÊNÇÃO SOBRE OS FILHOS DE JOSÉ

Depois do ato de adoção (Gênesis 48:8-12) vem a bênção sobre José e seus filhos, Efraim e Manassés. Chegara o momento de Jacó abençoar seu filho amado e seus netos. José toma seus filhos e os faz chegar a seu pai.

Destacamos algumas lições importantes.

1. *O expediente de José* (Gênesis 48:13). Uma vez que seu pai não enxergava direito, José cuidadosamente

aproxima seus filhos de seu pai, numa disposição propícia a que sua mão direita estivesse sobre a cabeça do primogênito e a mão esquerda sobre a cabeça do mais novo. A mão direita tem prioridade. É a mão do juramento, considerada membro da força. Quando dois irmãos são abençoados simultaneamente, é comum que o primogênito seja abençoado com a mão direita, devido à sua posição privilegiada. José arma o cenário para dar a Manassés a bênção maior, colocando-o à mão direita, a posição de força, honra, poder e glória.

2. *A inversão de Jacó* (Gênesis 48:14). Jacó, porém, inverte as mãos e coloca a direita sobre a cabeça de Efraim e a esquerda sobre a cabeça de Manassés. Assim, o velho patriarca vira pelo avesso todos os cuidadosos preparativos de José, deixando claro desde o início que o mais novo terá a preferência. Jacó pode ter perdido a visão física, porém não perdeu a percepção espiritual. O patriarca cego demonstra percepção do futuro negada por sua visão ótica.

A subsequente história de Israel mostraria que a mão de Deus estava por trás das mãos que agora pousavam sobre os filhos de José. A bênção de Jacó é a primeira na Bíblia que acontece mediante imposição de mãos. Impor as mãos sobre alguém significa dizer a pessoa: "Você pertence a Deus". É claro que o gesto da imposição de mãos não é a bênção em si. A bênção é dádiva de Deus.

3. *A bênção de Jacó* (Gênesis 48:15-16). Jacó abençoa José e seus filhos. Porém, tem consciência de que ele não é a fonte da bênção. Abençoa-os rogando sobre eles a bênção de Deus. Jacó destaca algumas verdades preciosas.

Primeira, o Deus abençoador é aquele em cuja presença andaram Abraão e Isaque (Gênesis 48:15a). A família patriarcal tinha sido escolhida por Deus para andar com Ele, conhecê-lo e torná-lo conhecido (Gênesis 17:1). A caminhada com Deus é uma vida debaixo da vista de Deus. Uma vida diante de Deus. Uma jornada diante de *El Shaddai*, aquele que é o suficiente em qualquer destino, mesmo no sofrimento. Jacó testemunha para José e seus filhos que seu pai, Isaque, e seu avô, Abraão, tinham andado com Deus. Dessa forma, Jacó liga os netos a seu pai e a seu avô. As promessas pactuais de Deus a Abraão e a Isaque são certas porque estes andaram diante de Deus.

Segunda, o Deus abençoador é aquele que sustentou Jacó durante toda a sua vida (Gênesis 48:15b): "O Deus que me sustentou durante a minha vida até este dia". Jacó já havia passado por muitas experiências difíceis em sua casa, na casa de Labão, em Siquém, com o luto de Raquel, com o luto de seus netos Er e Onã, com o drama de sofrer vinte e dois anos chorando por José como se ele estivesse morto. Em todos esses anos, Deus o sustentou como um pastor sustenta suas ovelhas.

Terceira, o Deus abençoador é o Anjo que o resgatou de todo o mal (48:16a): "O Anjo que me tem livrado de todo mal". A palavra traduzida por "livrado" significa "redenção". O mal tentou muitas vezes destruir Jacó, mas Deus lhe deu livramento. Jacó percebeu que sua desonestidade com Esaú e suas dificuldades com Labão foram um mal que ameaçou prendê-lo. Mas Deus o ajudou a acertar as coisas com Labão e a reconciliar-se com Esaú. Deus também o livrou dos maus caminhos de seus filhos mais velhos e lhe devolveu José. Esses foram os atos de Deus que lhe deram esperança e alegria ao coração. Deus cercou Jacó com milícias de anjos quando saiu de Canaã para Padã-Arã (Gênesis 28:12) e quando, vinte anos depois, retornou de Padã-Arã para Canaã (Gênesis 32:1-2). O Anjo do Senhor lutou contra Jacó e, tendo ouvido seu clamor para ser abençoado, o abençoou e o livrou de Esaú (Gênesis 32:25-26; Oseias 12:4). O mais importante é que o próprio Deus estava com ele para o livrar de todo mal. Deus sempre intervém em favor do seu povo, livrando-o de sua rede de culpas. Essa bendita realidade tem marcado a história do povo de Deus ao longo dos séculos (cf. Jeremias 31:11; Isaías 41:14; 49:7).

Quarta, o Deus abençoador é aquele que abençoará seus netos (Gênesis 48:16b): "Abençoe estes rapazes; seja neles chamado o meu nome e o nome de meus pais Abraão e Isaque; e cresçam em multidão no meio da terra". Jacó compreende que ele não é a fonte da bênção, mas apenas o instrumento. Deus é o Abençoador. Que bênção ele invoca para seus netos? Que eles carreguem o legado de fé dos patriarcas e cresçam exponencialmente na terra.

4. *O desagrado de José* (Gênesis 48:17-18). Esta é a primeira e única vez que a Bíblia fala do descontentamento de José com seu pai. Quando José viu que seu pai estava com a mão direita na cabeça do caçula Efraim e não sobre a cabeça do primogênito Manassés, pensou que seu pai estava cometendo um erro de distração e interferiu firmemente para que as mãos de seu pai fossem descruzadas, a fim de dar a bênção principal ao primogênito, como era a tradição. Porém, Jacó se recusa, revelando uma certeza tranquila e superior. Na verdade, esta é a quinta vez no livro de Gênesis que nos deparamos com uma inversão na ordem de nascimento. Deus havia escolhido Abel e não Caim; Isaque e não Ismael; Jacó e não Esaú; José e não Rúben; e agora Efraim e não Manassés. Uma vez mais, a bênção do primogênito é destinada ao irmão mais novo, mas agora não há um esquema incrédulo nem gosto amargo. É uma lição objetiva de sereno cunho responsivo e fé (Provérbios 10:22).

5. *A recusa consciente de Jacó* (Gênesis 48:19). O patriarca, capacitado por Deus, é maior que o governador do Egito. Jacó não atendeu ao pedido de José e

justificou: "Eu sei, meu filho, eu o sei; ele também será um povo, também ele será grande; contudo, o seu irmão menor será maior do que ele, e a sua descendência será uma multidão de nações". No passado, por causa da cegueira, Isaque havia abençoado a Jacó pensando que estava abençoando Esaú; agora Jacó, mesmo privado de clara visão, abençoa conscientemente Efraim, o filho mais novo de José, em lugar de seu primogênito Manassés. São pertinentes as palavras de Bruce Waltke:

> Se a bênção inconsciente de Isaque não podia ser revertida, quanto mais esta bênção consciente de Jacó. É notório que os caminhos de Deus na graça soberana sobrepõem os caminhos da convenção humana (Isaías 55:8-9) — Abel *versus* Caim, Isaque *versus* Ismael, Jacó *versus* Esaú, Perez *versus* Zera, José *versus* Rúben e Efraim *versus* Manassés. Em Gênesis, Deus às vezes escolhe o filho mais jovem, não o mais velho, para portar a herança divina da família.[2]

6. *O conteúdo da bênção de Jacó* (Gênesis 48:20). "Assim, os abençoou naquele dia, declarando: Por vós Israel abençoará, dizendo: Deus te faça como a Efraim e

---

[2] WALTKE. *Gênesis*, p. 748.

como a Manassés. E pôs o nome de Efraim adiante do de Manassés." Mais uma vez Jacó não é o abençoador, mas o instrumento do Abençoador divino. Com essa bênção, Efraim e Manassés renunciam à aristocracia e se identificam com os "estrangeiros", os desprezados pastores imigrantes. O que chama atenção na bênção de Jacó para Efraim e Manassés é o uso do nome Israel. Pela primeira vez na história de José "Israel" se refere ao povo. Os olhos do moribundo enxergam a formação do povo de Israel a partir das doze tribos.

A PROFECIA E O PRESENTE DE JACÓ

Depois de abençoar seus netos, Israel dirige a palavra a José, fazendo uma profecia e dando um presente. Vejamos.

1. *A profecia* (Gênesis 48:21). "Depois, disse Israel a José: Eis que eu morro, mas Deus será convosco e vos fará voltar à terra de vossos pais." Jacó profetiza a presença de Deus com José. Essa era uma realidade que Jacó tinha muito forte em sua vida. Poderíamos resumir esse fato em quatro momentos: Gênesis 28:15, quando Deus lhe disse: "Eu estou contigo"; Gênesis 31:3, quando Deus lhe promete: "Eu serei contigo"; Gênesis 31:5, quando Jacó reconhece: "Deus tem estado comigo"; Gênesis 48:21, quando Jacó profetiza: "Deus será convosco".

Jacó também profetiza o êxodo da nação de Israel e alimenta no coração de seu filho a esperança da volta à terra prometida. Jacó tinha plena consciência de que o Egito não era seu destino nem o último paradeiro de sua família. Assim como Jacó deixou com José, como algo sagrado que lhe era confiado, a promessa da sua saída do Egito, da mesma maneira José, ao morrer, deixou essa palavra com os irmãos: "Eu morro; porém Deus certamente vos visitará e vos fará subir desta terra para a terra que jurou dar a Abraão, Isaque e a Jacó" (Gênesis 50:24). Essa certeza foi dada e cuidadosamente preservada entre eles para que não amassem demais o Egito quando ele os favorecesse, nem o temessem demais quando ele os censurasse. Josué 24:32 declara que o corpo embalsamado de José foi enterrado na parte do campo que foi comprada dos filhos de Hamor.

2. *O presente* (Gênesis 48:22). Jacó privilegia José, seu filho amado, além dos demais filhos, concedendo-lhe um presente especial: uma terra que havia conquistado, à força da espada, dos amorreus, os habitantes pré-israelitas de Canaã. Essa terra possivelmente é a área conhecida como "o poço de Jacó", na cidade de Sicar, província de Samaria (João 4:5).

Capítulo 14

José e as bênçãos proféticas de Jacó

Depois de Jacó dar instruções a José sobre seu sepultamento (Gênesis 47:29-30), abençoar seus netos Efraim e Manassés e profetizar o êxodo (Gênesis 48:21), ele chama todos os seus filhos para abençoá-los e revelar o futuro das doze tribos de Israel (Gênesis 49:1-2). É a terceira numa tríade de bênçãos: sobre faraó (Gênesis 47:7-10), sobre Efraim e Manassés (Gênesis 48:15-20) e agora sobre seus doze filhos (Gênesis 49:1-27).[1]

Jacó fala a seus filhos como líder, profeta e professor, enfatizando duas vezes: "Ouvi, ouvi!" (Gênesis 49:1-2). Suas bênçãos são proféticas e haveriam de se confirmar no decurso da história. As profecias de Jacó são revelações dadas por Deus sobre a história futura de seus filhos e das tribos que descenderiam deles.

---

[1] WALTKE. *Gênesis*, p. 751.

É fato digno de nota que nem todos os homens piedosos têm a oportunidade de falar da parte de Deus em seu leito de morte; nem mesmo os santos cuja vida é registrada nas Escrituras. No livro de Gênesis não temos registro de nenhum servo de Deus deixando palavras de instrução na hora de sua morte. Adão não falou nenhuma palavra. Noé termina sua vida silencioso. Nenhuma admoestação final flui dos lábios de Abraão ou de Isaque. Mas Jacó antes de morrer reúne a assembleia de seus filhos para um longo discurso e uma profunda revelação quanto ao futuro das doze tribos de Israel.

Essa porção bíblica está em forma poética, rica em paralelismo de pensamento, jogo de palavras e metáforas. Era um momento solene, pois o patriarca estava declarando sua vontade final e apresentando seu testamento antes de morrer.

O texto a seguir trata de algumas verdades solenes.

A BÊNÇÃO PROFÉTICA

Jacó está com 147 anos, no leito de morte. Ele está praticamente privado de sua visão física, mas tem um atilado discernimento espiritual. Apesar da idade e da doença, a memória de Jacó era realmente notável, pois ele não esqueceu o nome de nenhum de seus filhos, sabia descrever a natureza individual deles e lembrar-se de cada detalhe importante da vida deles. Assim Jacó abençoou não apenas os doze filhos, mas sobretudo as doze tribos que descenderiam deles.

A bênção profética de Jacó sobre seus doze filhos e consequentemente sobre as doze tribos, enseja-nos três lições:

1. *Todos os seus filhos estavam vivos* (Gênesis 49:1). Que privilégio um homem descer à sepultura rodeado de todos os seus filhos. Muito embora tenha chorado vinte e dois anos pelo luto de José, seu filho amado, este não apenas estava vivo, mas tinha sido levantado por Deus para ser o preservador da família patriarcal. As desavenças familiares haviam cessado e todos estavam reunidos à sua volta para ouvir suas palavras de despedida.

2. *A bênção proferida sobre seus filhos foi pública* (Gênesis 49:1). Em contraste com Isaque que, na contramão do propósito divino, abençoou Jacó pensando estar abençoado Esaú, a portas fechadas, Jacó abençoa seus filhos em público. Bruce Waltke corrobora, dizendo:

> Diferentemente de Isaque, que transferiu a bênção divina atrás de portas fechadas, criando rivalidade e conivência entre pais e irmãos, Jacó impetra sua bênção publicamente, convocando a todos os seus filhos a se reunirem em torno dele. A narrativa de Gênesis, que começou com a bênção divina sobre

a criação, agora termina com Jacó comunicando a bênção divina a seus filhos.[2]

3. *A bênção proferida por Jacó foi profética* (Gênesis 49:1). "Ajuntai-vos, e eu vos farei saber o que vos há de acontecer nos dias vindouros." Jacó é um profeta. A bênção a seus filhos não emana de seu próprio coração, mas procede do próprio Deus. Não é uma bênção impetrada atrás de portas fechadas, mas em público, para testemunho a toda a história.

JACÓ, O AGENTE DA BÊNÇÃO PROFÉTICA

Jacó, como herdeiro da bênção de Abraão e de Isaque, passa, como fiel mordomo, o bastão a seus filhos (Gênesis 49:2). Ele não é a fonte da bênção, mas seu instrumento. Ele não fala por iniciativa própria, mas da parte do próprio Deus. Suas palavras são as próprias palavras de Deus em sua boca. Ele é um profeta inspirado por Deus. Estas afirmações proféticas no final da era patriarcal exibem a soberania de Deus sobre as nações. Ele abarca toda a história de Israel, desde a conquista e distribuição da terra até o reinado consumador de Jesus Cristo.

---

[2] WALTKE. *Gênesis*, p. 753.

Os filhos de Jacó, os receptores das bênçãos proféticas

O narrador bíblico enumera os filhos de Jacó não por ordem de nascimento, como seria de se esperar, mas de acordo com a progenitora de cada um deles. Entre os filhos de Lia, o autor sagrado inverte a ordem e coloca Zebulom, o décimo filho, na frente de Issacar, o nono. Com respeito aos filhos das servas, o narrador começa com o primeiro filho de Bila — Dã —, depois menciona os dois filhos de Zilpa — Gade e Aser — e então volta ao segundo filho de Bila — Naftali. Só então fecha a lista com os dois filhos de Raquel — José e Benjamim. Fica evidente, portanto, que, com exceção de Issacar e Zebulom, cada grupo é apresentado na ordem de nascimento dos filhos.

É digno de nota, outrossim, que Jacó abençoa as tribos, porém não independentemente de seu caráter. As profecias têm por base o louvor ou o opróbrio dos pais.

É oportuno destacar que José está representando as duas tribos que dele procedem, a saber, as de Efraim e Manassés, uma vez que estes foram adotados como filhos de Jacó. Dez dos vinte e cinco versículos — ou seja, 40% do registro — são destinados a Judá (Gênesis 49:8-12) e a José (49:22-26). Eles se destacam como os grandes líderes da família patriarcal.

Os filhos de Lia

Jacó começa sua bênção profética com os filhos de Lia. As profecias sobre os primeiros três filhos de Lia pronunciam castigo para crimes cometidos por eles. Vejamos.

1. *Rúben* (Gênesis 49:3-4). Rúben era o primogênito de Jacó, as primícias do seu vigor físico. O filho primogênito tinha vantagens físicas, materiais e espirituais. Aquele, porém, que deveria ocupar a liderança da família patriarcal, o mais excelente em altivez e poder, perdeu essa honrosa posição por causa de sua devassidão moral. Ele caiu dessa elevada posição quando subiu ao leito de seu pai para coabitar com a concubina Bila. Rúben deveria ter sido líder de força, vigor, alteza e poder, mas deu as costas às coisas mais excelentes e se rebaixou ao nível mais inferior. Nessa mesma linha de pensamento Hansjörg Bräumer escreve:

> Jacó tira de Rúben o privilégio da primogenitura. Esta, a porção dobrada da herança, é dada aos filhos de José, Efraim e Manassés; o sacerdócio passa para Levi, e a casa real vai para Judá. Como tribo, Rúben desapareceu cedo — já na época dos juízes. A tribo de Rúben não produziu nenhum homem importante, nenhum juiz, nenhum rei, nenhum profeta.[3]

---

[3] BRÄUMER. *Gênesis*, p. 320.

Podemos aprender da profecia a Rúben esta solene lição: o pecado tem consequências para nós e para os outros. O pecado de Rúben atingiu não apenas sua vida, mas também a vida de seus descendentes (Deuteronômio 33:6). O primeiro tornou-se o último. Vemos aqui o pecado dos pais sendo visitado nos filhos. O pecado de Adão e Eva, nossos pais, afetou terrivelmente toda a raça humana.[4]

Três outras coisas devem ser destacadas sobre Rúben.

Primeira, Rúben era um homem sem domínio próprio (Gênesis 49:3-4a). Assim como Esaú, por ser profano, desprezou seu direito de primogenitura, Rúben, por lascívia, desprezou elevada honra. Jacó diz que Rúben é impetuoso como a água. A água é boa e necessária quando corre no leito do rio, mas quando se precipita para fora de seus limites causa grande destruição. Assim é todo aquele que não domina seus impulsos sexuais. A expressão "impetuoso como a água" (v. 4) significa ser insolente, orgulhoso, indisciplinado, temerário, incontrolável e instável (cf. Isaías 57:20). Rúben era um homem de impulsos desgovernados.

Segunda, Rúben era um homem profanador (Gênesis 49:4b). Rúben subiu ao leito de seu pai e o profanou tendo relações sexuais com Bila. Ele cometeu o

---

[4] BOICE. *Genesis*, p. 1178.

pecado de incesto. Os pecados do passado privaram-no de bênçãos futuras. Um pecado muito antigo que Rúben havia cometido finalmente o havia encontrado (Gênesis 35:22; Números 32:23).

Terceira, Rúben era um homem que não exercia liderança (49:4b): "Não serás o mais excelente". Rúben falhou em liderar como primogênito. A tribo de Rúben falharia de igual modo na liderança. É difícil encontrar nas Escrituras algum membro da tribo de Rúben que tenha se destacado como líder. A população da tribo entrou em declínio entre o êxodo e a entrada na terra prometida (Números 1:20-21; 2:11; 26:7), passando do sétimo para nono lugar em número de membros. Nos dias de Débora, a tribo de Rúben ficou famosa pela falta de resolução (Juízes 5:15-16); mais tarde, parece ter sido eclipsada por Gade e, periodicamente, calcada por Moabe. O único momento registrado de parcial iniciativa deu-se na inglória rebelião de Datã e Abirão (Números 16:1).

2. *Simeão e Levi* (Gênesis 49:5-7). Irmãos devem ajudar e encorajar uns aos outros — pelo menos é o que se espera que aconteça normalmente —, mas, lamentavelmente, podem também arruinar uns aos outros. Simeão e Levi são chamados de "irmãos" não apenas porque vêm do mesmo ventre ou andam juntos, mas porque compartilham notavelmente dos mesmos traços criminais de violência, furor e crueldade (Gênesis

49:5-6). Eles não apenas compartilham dos mesmos crimes, mas também partilham da mesma condenação e do mesmo destino (v. 7). Os dois estão agrupados porque tinham chefiado o massacre sangrento de Siquém (Gênesis 35:25-29). Os dois foram comparsas no horrendo crime de chacina aos siquemitas. Estão com as mãos manchadas de sangue e violência, e Jacó se recusa a participar desse espírito belicoso e vingativo.

A expressão "maldito seja o seu furor, pois era forte, e a sua ira, pois era dura" (Gênesis 49:7a) refere-se a esses furor e ira, e não às pessoas de Simeão e Levi. Jacó não amaldiçoa seus filhos, mas sim as emoções incontroladas deles, que os arrastaram para o ato de horror. A maldição não é contra os pecadores, mas contra o pecado.

A profecia de Jacó declara que os dois irmãos, representando as duas tribos, seriam divididos em Jacó e espalhados em Israel (v. 7b) e não teriam território tribal em Canaã. Esses dois irmãos não terão oportunidade de realizar empreendimentos conjuntos. Serão separados e a unidade será rompida. A destruição total de sua unidade original também elimina a possibilidade de vida conjunta entre seus descendentes. Deus acaba com uma união que eles usavam para o mal. Os descendentes de Simeão foram absorvidos no território de Judá (Josué 19:1-9) e os descendentes de Levi foram distribuídos por quarenta e oito cidades e terras de pastagens entre as doze tribos, inclusive Efraim e Manassés (Números 35:1-5; Josué 14:4; 21:41).

Deus em sua graça, entrementes, transformou a maldição em bênção, pois fez da tribo de Levi a tribo dos sacerdotes e oficiais que haveriam de cuidar das coisas sagradas, do culto, dos sacrifícios no tabernáculo e no templo. Dessa tribo procederam homens da estirpe de Moisés, Arão, Fineias, Eli, Esdras e João Batista.

3. *Judá* (Gênesis 49:8-12). O nome Judá significa "louvor". Judá, o quarto filho de Jacó, cometeu dois graves pecados: liderou seus irmãos para vender José como escravo, escondendo esse fato cruel de seu pai, e depois se uniu aos cananitas, cometendo incesto com sua nora. Entretanto, Judá se arrepende de seus pecados e se coloca como fiador de Benjamim diante do pai em Canaã (Gênesis 43:9) e como substituto de Benjamim diante de José no Egito (Gênesis 44:32-33).

Judá passa a governar seus irmãos. Dele procederão reis. Dele vem a dinastia de Davi e o próprio Messias. Sua tribo desfrutará de riquezas abundantes. Deus abençoa Judá com as recompensas de sabedoria, reinado, domínio e prosperidade. A bem-aventurança do governo ideal se evidenciou em suas vitórias (Gênesis 49:10b), sua riqueza provinda da fertilidade da terra (v. 11) e sua beleza (v. 12). Na verdade, Deus designa Judá como líder das tribos (Juízes 1:1-19; 20:18).

Os livros de Samuel celebram a hegemonia de Davi, da tribo Judá, sobre as demais tribos. Nos livros dos Reis, a lâmpada de Davi permanece acesa. Davi não foi apenas o maior rei de Israel, mas também seu pastor, músico, soldado, profeta e poeta. Na esteira dos descendentes de Judá temos outros homens piedosos, como Salomão, Josafá, Ezequias, Josias e Zorobabel. Essa lista de ilustres reis culmina com o incomparável Rei dos reis e Senhor dos senhores, Jesus, o leão da tribo de Judá (Apocalipse 5:5; 19:16).

Destacamos alguns pontos.

Primeiro, Judá seria louvado pelos seus irmãos (Gênesis 49:8a): "Judá, teus irmãos te louvarão". O poder de Judá é indiscutível. Todos os seus irmãos se curvam perante ele, e seus inimigos não ousam atacá-lo, preferindo fugir dele.

Segundo, Judá triunfaria sobre seus inimigos (v. 8b): "A tua mão estará sobre a cerviz de teus inimigos". Durante o período dos juízes e a monarquia, os inimigos são filisteus ao oeste, amalequitas ao sul e edomitas ao leste (Deuteronômio 33:7). Mais tarde, os inimigos serão os assírios e babilônios ao norte.

Terceiro, Judá tem a aparência majestática do leão (v. 9). Esse poderoso animal impõe respeito e medo tanto aos outros animais como ao homem (1Reis 13:24; 20:36). O leão tornou-se símbolo de majestade e força, o símbolo de realeza no Antigo Oriente Próximo. O

Antigo Testamento tem sete palavras para se referir ao leão. Das 135 passagens que mencionam o leão, somente 25 referem-se ao leão como animal. Nas outras 110, o leão ilustra características de Javé ou de determinadas pessoas. Ao longo da história, o leão tornou-se o animal mais frequentemente usado em brasões e sinetes de casas reais. No fim dos tempos, Jesus Cristo, exaltado nos céus, aquele que abre o livro com os sete selos, é chamado de "leão da tribo de Judá" (Apocalipse 5:5).

Quarto, Judá tem eminência e realeza (v. 10): "O cetro não apartará de Judá, nem o bastão de entre seus pés, até que venha Siló". O cetro e o bastão são símbolos do rei. Da tribo de Judá procederão reis até que venha Jesus, o Rei dos reis, cujo reinado é eterno (2Samuel 23:1-7; Amós 9:11-15; Miqueias 5:2,4; Zacarias 9:9; Apocalipse 5:5).

As palavras "até que venha Siló" compõem a passagem mais polêmica em todo o livro de Gênesis. Muita controvérsia gira em torno da palavra *Siló*, que pode ter o significado de "descanso ou doador de descanso". Esse é o nome da cidade em que a arca descansou até o tempo de Samuel (1Samuel 4:1-22). Uma antiga tradução aramaica contém a frase "até que o Messias venha", e essa interpretação detém forte posição no entendimento judaico e cristão do texto. Os protestantes estão bastante unidos em considerar que Jesus é o cumprimento dessa predição que saiu dos lábios de Jacó.

Resta afirmar, portanto, que o nome "Siló" deu origem a várias interpretações e especulações, porém a mais razoável delas é a que se trata de uma referência ao Messias (Números 24:17). A oração poderia ser traduzida como "até que venha aquele que tem em sua destra [o cetro, ou seja, o domínio]".

Essa é a última das três grandes profecias acerca do Messias encontradas em Gênesis. A primeira é Gênesis 3:15, dada a Adão e Eva no Éden. A segunda é Gênesis 22:18, o clímax da revelação de Deus a Abraão. E a terceira é Gênesis 49:10, pronunciada por Jacó a Judá. Na primeira profecia é dito que o Messias destruiria o diabo e suas obras. Na segunda profecia é dito que ele redimiria o seu povo, trazendo salvação a judeus e gentios. Na terceira profecia é dito que o Messias reinará e os povos da terra se prostrarão diante dele.

Quinto, Judá desfrutaria de riqueza exuberante (v. 11). Ninguém, senão um indivíduo incrivelmente rico, amarraria um jumento a um ramo mais seleto, porque o jumento consumiria as uvas valiosas. "Lavar as vestes em vinho" é outra imagem de incrível prosperidade e poder.

Sexto, Judá desfrutaria de beleza real (v. 12). A beleza do rei é sinal de bênção. O ideal de beleza do amado é branco e vermelho (Salmos 45:2; Cântico dos Cânticos 5:10).

4. *Zebulom* (Gênesis 49:13). O narrador coloca o sexto filho de Lia, Zebulom, na frente do quinto filho, Issacar, nessa lista. Curiosamente, ele é catalogado tanto aqui como na bênção de Moisés (Deuteronômio 33:18) antes de seu irmão Issacar, dando-lhe preeminência. Em ambas as bênçãos, Zebulom é o mais enérgico e próspero dos dois.

O cântico de Débora celebra ambas as tribos, porém dá a Zebulom a prioridade (Juízes 5:14,18). Zebulom, não Issacar, é catalogado entre os que se juntam a Gideão na batalha contra os midianitas (Juízes 6:35). Das tribos ocidentais, Zebulom contribui com o maior contingente militar para o exército de Davi; seus soldados são caracterizados como experientes e leais (1Crônicas 12:33).

A tribo de Zebulom vai se destacar pela sua perícia no comércio marítimo. Seu limite se estenderá até Sidom, cidade portuária fenícia, cerca de quarenta quilômetros ao norte de Tiro. A terra de Zebulom era cortada pela mais importante rota comercial entre o mar da Galileia e os portos fenícios no mar Mediterrâneo. Uma das maiores metrópoles comerciais fenícias era a antiga cidade cananeia de Sidom (Gênesis 10:15), considerada a fortaleza do mar (Isaías 23:4). Essa importante cidade tinha comércio com Zebulom.

5. *Issacar* (Gênesis 49:14-15). Issacar é o quinto filho de Lia e o nono de Jacó. A tribo é geralmente

desconsiderada no livro de Juízes. Não é mencionada no inventário das tribos em Juízes 1 nem nos relatos da batalha contra Canaã e Mídia (Juízes 4 e 6). Issacar é destacado como aquele que tem força descomunal, mas se acomoda a um trabalho servil aos cananitas em prol da paz (v. 15). Seduzida pela planície fértil, a tribo transformou-se em jumento de carga de estranhos. Enquanto as demais tribos que tomaram a terra buscavam submeter os cananeus, Issacar trilha o caminho oposto, sujeitando-se a eles. Há, entretanto, um registro muito positivo sobre os filhos de Issacar: "Dos filhos de Issacar, conhecedores da época, para saberem o que Israel devia fazer" (1Crônicas 12:32). Eles eram estudiosos e conhecedores do seu tempo!

OS FILHOS DAS SERVAS

O narrador começa a lista com Dã e a termina com Naftali, filhos de Bila. Entre estes, vêm Gade e Aser, filhos de Zilpa. Vejamos.

1. *Dã* (Gênesis 49:16-18). Dã, o primeiro filho de Bila e o quinto de Jacó (Gênesis 30:6; 35:25; Josué 19:40-48), é o pai da tribo que recebe poder de julgar. Dã, juntamente com Judá e José, recebe duas bênçãos separadas: para executar justiça e, embora relativamente pequena, para retaliar. Dã é retratado como um povo sagaz, como uma víbora que dá o bote fatal em seus

inimigos. Dã será agressivo, perigoso e atacará inesperadamente para subverter nações (Juízes 18). Sansão, dessa tribo, fere os filisteus de um só golpe (Juízes 14—16). No senso do deserto, Dã é a segunda maior tribo (Números 2:26; 26:43).

Depois da impressionante introdução (v. 16), vem o anticlímax (v. 17-18). O nome e o chamado de Dã eram para "julgar", vingando os desconsolados como Deus vingara a Raquel (Gênesis 30:6); mas sua escolha, como tribo, foi a violência e a traição, como registrado em Juízes 18. Dã é deixado de fora das genealogias de 1Crônicas 2—10, e na lista de tribos em Apocalipse 7:1-8, Dã não acha lugar. Dã afastou-se da fé do verdadeiro Deus e confiou em ídolos. Sua tribo tornou-se um povo dissimulado, que explorava os outros para conseguir o que queria.

2. *Gade* (Gênesis 49:19). Gade, o primeiro filho de Zilpa e o sétimo de Jacó (Gênesis 30:10-11; 35:26), é descrito como um povo guerreiro, aliás de excelentes guerreiros (Josué 22:1-6). A bênção prediz que Gade levará uma vida atribulada (v. 19a), mas retaliará seus inimigos (v. 19b; Deuteronômio 33:20-21). Gade, estabelecido na vulnerável Transjordânia, em toda a sua história suporta ataques por parte dos amonitas (Juízes 10—12; Jeremias 49:1-6), moabitas, aramitas (1Reis 22:3; 2Reis 10:32-33) e assírios (2Reis 15:29). Seu

povo é celebrado como guerreiros aguerridos (Deuteronômio 33:22; 1Crônicas 5:18; 12:8).

3. *Aser* (Gênesis 49:20). Aser, segundo filho de Zilpa e oitavo filho de Jacó (Gênesis 30:13; 35:26), é destacado por sua prosperidade e riqueza. O nome "Aser" significa venturoso ou feliz. Aser não foi capaz de expulsar os habitantes de seu território (Juízes 1:31-32). Contentou-se em ser um povo agrícola, aproveitando a terra fértil que Deus os havia dado (Josué 19:24-30). A expressão "o seu pão será abundante" é uma referência à sua terra fértil nas encostas ocidentais da região montanhosa da Galileia (Deuteronômio 33:24; Josué 19:24-31). Com uma planície fértil e rotas comerciais para o mar, Aser banharia "em azeite o seu pé" (Deuteronômio 33:24) e forneceria notável quota ao palácio (1Reis 4:7).

4. *Natfali* (Gênesis 49:21). Naftali, segundo filho de Bila e sexto filho de Jacó, é descrito como alguém que tem agilidade e poder na palavra. A expressão "gazela solta" é uma referência eloquente para descrever sua beleza e ligeireza. A expressão também sugere um povo de espírito livre, que não se prendia às tradições. Essa tribo das terras montanhosas haveria de conquistar nome sob Baraque, levando Israel a livrar-se de uma arrasadora escravidão (Juízes 4—5). Zebulom e Naftali eram parte do distrito chamado pelo profeta Isaías de "Galileia dos gentios" (Isaías 9:1-2), onde Jesus

ministrou (Mateus 4:12-16). Observe que Zebulom e Naftali distinguiam-se por sua bravura em combate (Juízes 5:8).

OS FILHOS DE RAQUEL

O narrador deixa para o final os dois filhos de Jacó com Raquel, sua esposa preferida. É digno de nota, como já afirmamos, que dos doze filhos de Jacó, ele dedica quarenta por cento do tempo para falar das bênçãos destinadas a Judá e José. Embora o coração de Jacó tenha se apegado a Benjamim, seu filho caçula, Jacó não dá tanto destaque à sua tribo. Vejamos.

1. *José* (Gênesis 49:22-26). José é o primeiro filho de Raquel e o sétimo filho de Jacó (Gênesis 30:24; 35:24). É também o filho favorito de Jacó (Gênesis 37:3; 45:28; 46:30). Vários pontos são dignos de destaque na vida de José.

Primeiro, José é comparado a um ramo frutífero (Gênesis 49:22). A Raquel estéril produziu a mais frutífera das tribos (Gênesis 30:2,22; 41:52). José não é um galho seco, mas ramo frutífero. Foi frutífero na casa do pai, na casa de Potifar, na prisão e no palácio. Sua vida produziu muitos frutos. Seu coração não foi um campo estéril, mas um terreno fértil que produziu muitos frutos que trouxeram glória para Deus e bênção para as pessoas. José é um ramo frutífero junto à fonte. Essa fonte é o próprio Deus. Ele é a fonte de águas vivas. José foi uma bênção em público, porque desfrutava de comunhão com Deus em secreto. A força, a sabedoria e o poder de José não procediam dele mesmo. Sua vida frutificava porque estava plantado junto à fonte. José estendeu seus galhos sobre o muro. Ele não foi bênção apenas para os de perto, mas também para os de longe. Foi bênção não apenas para a sua família, mas também para o mundo inteiro. A influência de José transcendeu o Egito. Ele foi maior do que a nação que governou. Sua vida não só influenciou as gerações pósteras, mas também salvou sua própria geração.

Segundo, José enfrenta ataques, mas sai vitorioso (Gênesis 49:23-24). José enfrentou a injustiça dos irmãos e a acusação leviana da mulher de Potifar. Ele passou pelo crisol do sofrimento, sendo vendido como escravo, sendo acusado de assédio sexual, sendo preso e até esquecido ingratamente na masmorra. Mas em todas essas provas, saiu vitorioso. Na defesa de Estêvão diante do sinédrio judaico, registrada em Atos 7:1-60, o protomártir do cristianismo fala da experiência de José destacando três verdades sublimes:

Deus estava com ele (Atos 7:9). "Os patriarcas, invejosos de José, venderam-no para Egito; mas Deus estava com ele." José foi injustiçado em sua casa, em seu trabalho e na prisão, mas Deus estava com ele. É conhecida a expressão de William Cowper, o brilhante poeta inglês: "Por trás de toda providência carrancuda, esconde-se a face sorridente de Deus". A presença de Deus é real, embora não vista; a presença de Deus é constante, embora nem sempre sentida; a presença de Deus é restauradora, embora nem sempre reconhecida. Há um plano perfeito sendo traçado pela mão invisível da providência. Deus está no controle. Ele está vendo o fim da história. Ele vai tecendo os fios da história de acordo com o seu sábio propósito. Os dramas da nossa vida não apanham Deus de surpresa. Os imprevistos dos homens não frustram os desígnios de Deus. O Senhor já havia anunciado a Abraão que sua descendência estaria no Egito. Deus estava usando o infortúnio de José para cumprir os seus gloriosos propósitos.

Deus era por ele (Atos 7:10). "E livrou-o de todas as suas aflições." Deus não livrou José de ser humilhado, mas exaltou-o em tempo oportuno. Deus trabalhou na vida de José, dando-lhe três coisas. Consolação em seus problemas (v. 9), libertação de seus problemas (v. 10) e promoção depois de seus problemas (v. 10-11). Ele foi exaltado depois de ser provado e humilhado. Vida cristã não é ausência de aflição, mas livramento nas aflições. Depois da tempestade vem a bonança. Depois do choro vem a alegria. Depois do vale vem o monte. Depois do deserto vem a terra prometida. Assim como Deus livrou José de todas as suas aflições, Ele

JOSÉ E AS BÊNÇÃOS PROFÉTICAS DE JACÓ

é poderoso para enxugar suas lágrimas, para aliviar o seu fardo, para acalmar as tempestades do seu coração, para trazer bonança para a sua vida e lhe dar um tempo de refrigério.

Deus agiu por intermédio dele (Atos 7:10b). "Concedendo-lhe também graça e sabedoria perante faraó, rei do Egito, que o constituiu governador daquela nação e de toda a casa real." Deus deu sabedoria a José para entender o que ninguém entendia. Para ver o que ninguém via. Para discernir o que ninguém compreendia. Para trazer solução a problemas que ninguém previa. O futuro do Egito e do mundo foi revelado a José por meio do sonho de faraó. Em José estava o Espírito de Deus. Por meio da palavra de José, o mundo não entrou em colapso. Por expediente de José, a crise que poderia desabar sobre o Egito e as nações vizinhas foi transformada em oportunidade para Deus cumprir seus gloriosos propósitos na vida do seu povo. Deus usou os irmãos de José para colocá-lo no caminho da providência e usou José para salvar a vida dos seus irmãos. Todas as coisas cooperam para o bem daqueles que amam a Deus. José foi o instrumento que Deus levantou para salvar o mundo da fome e da morte.

Terceiro, José é protegido pelo Deus onipotente (Gênesis 49:24b-25a). Deus é apresentado aqui como:

O PODEROSO DE JACÓ. Esse nome para Deus aparece apenas em Isaías (1:24; 49:26; 60:16) e no salmo

132. É o Deus forte que Jacó experimentou em sua vida e que se repete no destino de José.

Pastor de Israel. O nome divino "Pastor" lembra a decisão de Jacó de abençoar os filhos de José com o nome do Deus que era seu pastor (Salmos 23; 80:1; 100:3; Isaías 40:11; Ezequiel 34:11-31; João 10:1-30).

Pedra de Israel. Deus é a Pedra, a Rocha, o fundamento inabalável e a proteção de Israel (Deuteronômio 32:4,15,18,31; 1Samuel 2:2; 2Samuel 22:32; Salmos 118:22; Mateus 16:18; 21:42; Atos 4:11; 1Coríntios 10:4; 1Pedro 2:7).

Deus de teu pai. O próprio Deus se revelou a Jacó como o Deus de Abraão e de Isaque. Aquele que também é Deus de Jacó ajudará José.

Todo-poderoso ou *El-Shaddai*. Esse é o nome que Deus usou para se apresentar a Abraão antes de estabelecer sua aliança com ele (Gênesis 17:1), e a Jacó quando estava a caminho da terra desconhecida (Gênesis 48:3). *El Shaddai* significa "Eu sou suficiente". O Deus que basta em qualquer situação abençoará José.

Quarto, José é abençoado com bênçãos excelentes (Gênesis 49:25b-26). Deus o abençoa com a fertilidade do solo e do corpo (v. 25); as bênçãos abrangentes de seus pais repousam em José acima de seus irmãos (v. 26). Essas bênçãos abrangem toda a "bênção da fertilidade": são as bênçãos do céu (a chuva, o orvalho, o sol e o vento); as bênçãos das profundezas (a água acumulada abaixo da terra, que irrompe nas fontes e fecunda a terra); as bênçãos do seio e do ventre materno (a fertilidade do corpo).

2. *Benjamim* (Gênesis 49:27). Benjamim é o segundo filho de Raquel e o décimo segundo de Jacó, o seu caçula (Gênesis 35:18,24; 42:4,38; 44:1-34). Ele é descrito como pai de uma tribo guerreira, conquistadora e poderosa.

Nas palavras de despedida de Jacó, há cinco comparações com animais. Judá foi comparado a um leão; Issacar, a um jumento; Dã, a uma serpente; Naftali, a uma gazela. Benjamim é comparado a um lobo que despedaça a sua presa, e isso corresponde à elevada reputação da tribo pela bravura e habilidade na guerra (Juízes 3:15-30; 5:14; 20:14-21; 1Samuel 9:1; 13:3; 1Crônicas 8:40; 12:2-27,29; Ester 2:5). Nessa tribo vemos em ação o lobo que despedaça. Saul, o primeiro rei de Israel, era da tribo de Benjamim. Ao longo de seu reinado, Saul tentou matar Davi (1Samuel 19:10) e massacrou, sem piedade, todos os sacerdotes da cidade de Nobe (1Samuel 22:6-19). Outros benjamitas conhecidos pelo seu furor foram Abner (2Samuel 2:23), Seba (2Samuel 20), Simei (2Samuel 16:5-14) e Saulo de Tarso (Romanos 11:1; Filipenses 3:5), que como animal selvagem prendeu, devastou, assolou e exterminou muitos cristãos (Atos 8:3; 9:1-3; 26:9-11; Gálatas 1:13).

AS DOZE TRIBOS DE ISRAEL E SUAS BÊNÇÃOS CORRESPONDENTES

Paradoxalmente, o que o narrador denomina de "bênçãos" não passam, com frequência, de antibênçãos, como no caso de Rúben, Simeão e Levi. Entretanto, em termos do destino da nação, essas antibênçãos constituem, em última análise, uma bênção. Ao remover Rúben por seu turbulento e incontrolado impulso sexual, Jacó salva Israel de uma liderança leviana, que poderia conduzir a nação à bancarrota moral. De igual modo, ao amaldiçoar a crueldade de Simeão e Levi, o patriarca restringe a notória e cruel temeridade de dominar desses seus filhos.

Está escrito: "A cada um abençoou segundo a bênção que lhe cabia" (Gênesis 49:28b). Os pecados dos pais atingiram os filhos e as gerações pósteras. Fica evidente que Rúben, Simeão e Levi sofreram sanções pelos seus erros, e isso refletiu em sua posteridade. Porém, Deus, por sua graça, reverteu tragédias em triunfo e a família permanece sendo a portadora da bênção divina para o futuro, como fora no passado. A família de Levi foi separada por Deus para o sacerdócio e a família de Simeão foi integrada à tribo de Judá para não mergulhar na apostasia das tribos do norte. Já a bênção profética sobre Judá se cumpre em Davi no Antigo Testamento e em Jesus Cristo, no Novo Testamento.

A MORTE DE JACÓ, O AGENTE DAS BÊNÇÃOS PROFÉTICAS

As últimas palavras de Jacó tratam de si mesmo e não de seus filhos. O longevo patriarca reitera o pedido que já havia feito a José (Gênesis 47:27-31) e a seus demais filhos com respeito ao seu sepultamento na caverna de Macpela (Gênesis 49:29-33). Jacó — a despeito de tudo o que passou — havia completado a carreira e cumprido cabalmente sua missão. Era hora de reunir-se ao seu povo e descansar.

Com seu trabalho concluído, Jacó/Israel, o velho patriarca hebreu, deu o último suspiro e morreu. Levando consigo apenas o seu cajado, havia atravessado o Jordão muitos anos antes; e ainda segurava o cajado ao fazer a última travessia da vida (Hebreus 11:21). Jacó foi um peregrino até o fim.

A última característica da morte de Jacó é seu foco no mundo porvir, ao dizer: "Eu me reúno ao meu povo" (Gênesis 49:29). Isso não é apenas ser sepultado na mesma cova que seus ancestrais, mas se reunir a eles. Deus não é Deus de mortos, mas de vivos. Lemos em Gênesis 49:33: "Tendo Jacó acabado de dar determinações a seus filhos, recolheu os pés na cama, e expirou, e foi reunido ao seu povo". Jacó viveu quinze anos com seu avô Abraão. Quando Isaque, seu pai, morreu, Jacó tinha 120 anos. Vinte e sete anos depois, o próprio Jacó expira para se reunir ao seu povo. Agora, Jacó está vivendo com Abraão e Isaque num mundo melhor, na bem-aventurança. Ele continuará com eles e com Cristo, por toda a eternidade, e isso é incomparavelmente melhor.

Capítulo 15

José: choro, perdão, celebração e esperança

O último capítulo de Gênesis termina com dois funerais, o de Jacó e o de José. Aquele recebeu honras fúnebres de um chefe de Estado; este, príncipe e governador do Egito, sem qualquer pompa morreu, foi embalsamado e posto num caixão no Egito. Charles Swindoll diz que o último capítulo de Gênesis trata de luto, graça e glória.[1] Luto por Jacó, graça aos filhos de Jacó e glória como a suprema aspiração da família da Jacó.

Destacaremos alguns pontos importantes na conclusão da biografia de José. Como filho, ele honrou o pai. Como príncipe do Egito, ele perdoou os irmãos. Como pai, ele cuidou de sua descendência. Como profeta, ele vislumbrou o êxodo.

---

[1] SWINDOLL. *José*, p. 233.

A vida é como a arte de um tapeceiro. Há uma mistura de cores. Há tonalidades claras e escuras. Há dias de luz aurifulgente e dias de sombras espessas. Há dias de conquistas e dias de perdas. Há tempos de celebração e tempos de lágrimas. Há momentos de doçura e tempos de amargura. Com José não foi diferente. Sua vida oscilou entre o amor do pai e o ódio dos irmãos, entre a primazia e a prisão, entre o reconhecimento e a acusação, entre o cárcere desumano e o trono de honra. No epílogo de sua vida, José experimenta tempo de choro e consolo, tempo de perdão e celebração, tempo de encerrar a carreira e vislumbrar a glória.

Tempo de chorar

Seis fatos são dignos de destaque.

1. *O choro de José* (Gênesis 50:1). O texto bíblico nada diz sobre a reação dos demais filhos de Jacó quando este morreu. Destaca apenas a profunda relação de José com seu pai. José se lança sobre o rosto do pai recém-falecido, chorando sobre ele e beijando-o. Essa é a sexta vez que vemos José chorando. José vai chorar mais duas vezes: na eira de Atade (v. 10) e quando seus irmãos lhe enviam emissários, rogando seu perdão (v. 17). No choro de José vemos uma expressão espontânea de sua dor em um gesto de seu amor. Ele não está preocupado com o status de governador e príncipe do

Egito, mas age como um filho amado que não pode esconder suas emoções. Um funeral não é uma festa. É lugar de choro.

2. *O embalsamamento de Jacó* (Gênesis 50:2-3). O choro é seguido do expediente necessário. Porque José e seus irmãos haviam prometido sepultar seu pai em Canaã, era necessário que seu corpo fosse embalsamado. Então, José convoca os médicos que estavam sob suas ordens para fazer esse trabalho demorado e meticuloso. É digno de nota que essa é a primeira menção a um médico nas Escrituras. Os egípcios choraram por Jacó, pai de José, setenta dias. A duração do luto representou uma honra especial para o falecido Jacó. O patriarca recebe honras fúnebres de um chefe de Estado.

3. *A permissão para subir a Canaã* (Gênesis 50:4-6). Por estar de luto, José não vai pessoalmente ao faraó, pois nessas condições, conforme costume da época, ninguém tinha acesso ao rei. Manda avisar ao faraó a respeito do juramento que fizera a seu pai de sepultá-lo em Canaã, fala sobre a sepultura que já existe e garante expressamente que voltará. O faraó concede licença a José e, ao mesmo tempo, organiza uma comitiva de honra, formada de altos funcionários da corte e uma escolta militar. O cortejo fúnebre conduzido por José deveria estar à altura da posição de seu mais alto

ministro. A ordem de faraó é clara: "Sobe e sepulta o teu pai, como ele te fez jurar" (v. 6).

4. *O cortejo fúnebre rumo a Canaã* (Gênesis 50:7-9). O cortejo fúnebre de Jacó rumo a Canaã foi com grande pompa. Além de toda a família, exceto as crianças, acompanharam a enorme procissão todos os oficiais de faraó, os principais de sua casa e todos os principais da terra do Egito. Esse grandíssimo cortejo é acompanhado ainda de carros e cavaleiros, cruzando o deserto árido do Sinai, em direção à terra prometida. A caravana com o corpo de Jacó percorreu o território ao norte do Sinai até o leste do mar Morto. Este caminho mais longo foi escolhido porque a passagem pelo território dos filisteus poderia trazer conflitos e confrontos.

5. *A lamentação além do Jordão* (Gênesis 50:10-11). Ao atravessarem o Jordão, na eira de Atade, o cortejo parou para um tempo de grande e intensa lamentação. Ali aconteceu o velório de Jacó. Ali José pranteou seu pai por sete dias. O pranto foi tão grande e notório que os cananeus, impactados com o fato, mudaram o nome da eira para Abelmizraim, que significa "campo dos egípcios". Mais tarde, os sete dias de lamento em Atade tornaram-se o período de luto costumeiro em Israel, e esse hábito existe até hoje na chamada *shiwah*, os sete dias de luto rigoroso a ser observado depois do sepultamento.

6. *O sepultamento na caverna de Macpela* (Gênesis 50:12-13). O funeral de Jacó foi um funeral de chefe de Estado, mas seu sepultamento foi pesaroso. O sepultamento ficou restrito à família. Os filhos cumprem a promessa feita ao pai e o sepultam na caverna de Macpela, onde já estavam sepultados Abraão, Isaque, Rebeca e Lia.

TEMPO DE PARAR DE CHORAR

Sepultado Jacó, como ele havia requerido de seus filhos, era hora de cessar o choro e voltar à realidade da vida. Está escrito: "Depois disso, voltou José para o Egito, ele, seus irmãos e todos os que com ele subiram a sepultar o seu pai" (Gênesis 50:14). O luto tem tempo para começar e tempo para terminar. Há tempo de chorar e tempo de cessar de chorar (Eclesiastes 3:4).

O choro dos filhos de Jacó não é o choro de desespero (1Tessalonicenses 4:13). A vida continua, por isso, todos voltaram ao Egito e continuaram sua missão naquela terra. A melhor maneira de honrar quem morreu é cuidar dos que estão vivos. O luto prolongado pode trazer mais compaixão, porém não desenvolve mais maturidade nem nos torna mais úteis para os outros. José e sua família voltaram para o Egito e para seus afazeres, José servindo na corte do faraó e seus irmãos cuidando dos rebanhos do faraó.

TEMPO DE PARAR DE SE CULPAR

A culpa é o carrasco da consciência. Havia trinta e nove anos que os irmãos de José o haviam vendido como escravo para o Egito. Havia dezessete anos que José os recebera no Egito e os tratara com extremo cuidado e amor. Mas a consciência desses irmãos não estava totalmente em paz. Nas palavras de Warren Wiersbe, "era hora dos irmãos de José usarem um caixão para enterrarem o passado doloroso".[2]

Com base nessas observações, destacamos alguns pontos para nossa reflexão.

1. *A culpa atormentadora* (Gênesis 50:15). "Vendo os irmãos de José que seu pai já era morto, disseram: É o caso de José nos perseguir e nos retribuir certamente o mal todo que lhe fizemos." A morte de Jacó trouxe à tona o medo que, por vários anos, esteve submerso na mente dos irmãos de José. Muito embora José já tivesse dado provas de seu perdão, amor e cuidado a seus irmãos, eles ainda viviam cismados. A questão da culpa não estava resolvida para eles. Agora que o pai não está mais presente para ser mediador entre eles e José, ficam alarmados, com o coração desassossegado. Nas palavras de Charles Swindoll, "a culpa é o velho espicaçador da

---

[2] WIERSBE. *Comentário bíblico expositivo*, p. 223.

consciência, que ressurge trazendo medo e ansiedade".[3] Há cristãos atormentados ainda hoje pelo chicote da culpa. Não compreenderam a graça. Não tomaram posse do perdão de Deus. Vivem inseguros, amedrontados e desassossegados.

2. *O pedido formal de perdão* (Gênesis 50:16-17a). Os dez irmãos não têm coragem de ir pessoalmente a José. Enviam um mensageiro de paz à frente para preparar o caminho, como Jacó havia feito outrora, antes de seu encontro com Esaú (Gênesis 32:3-21). O mensageiro traz o pedido de perdão dos irmãos de José como uma reivindicação do pai antes de morrer: "Portanto, mandaram dizer a José: Teu pai ordenou, antes de sua morte, dizendo: Assim direis a José: Perdoa, pois, a transgressão de teus irmãos e o seu pecado, porque te fizeram mal; agora, pois, te rogamos que perdoes a transgressão dos servos do Deus de teu pai" (v. 16-17a). Não se sabe ao certo se Jacó havia dado mesmo esta ordem antes de morrer. É muito provável que fosse apenas um expediente dos irmãos de José para alcançarem seu favor.

3. *O choro de tristeza* (Gênesis 50:17b). "José chorou enquanto lhe falavam." O choro de José é de tristeza, ao saber que seus irmãos ainda viviam atormentados pela culpa depois de dezessete anos que havia demonstrado

---

[3] SWINDOLL. *José*, p. 258.

a eles seu perdão. As lágrimas de José são motivadas pela renovada falta de confiança dos irmãos nele. Eles ainda lutam com os seus pecados passados e já perdoados porque não haviam se apropriado da graça.

4. *A oferta de escravidão* (Gênesis 50:18). "Depois, vieram também seus irmãos, prostraram-se diante dele e disseram: Eis-nos aqui por teus servos." Os que venderam José como escravo agora se oferecem para serem seus escravos. Mas, uma vez mais, José não aceita a proposta dos irmãos. Ele já havia lhes dado o melhor da terra do Egito. Havia sustentado a eles e a suas respectivas famílias com abundância de pão em tempos de fome. Mas eles, como pródigos, oferecem-se para serem apenas escravos, em vez de desfrutarem da plena graça, do rico perdão, na profunda comunhão do amor.

5. *A graça consoladora* (Gênesis 50:19-21). A resposta de José a seus irmãos é uma expressão maiúscula da verdadeira maturidade espiritual:

> Respondeu-lhes José: Não temais; acaso, estou eu em lugar de Deus? Vós, na verdade, intentastes o mal contra mim; porém Deus o tornou em bem, para fazer, como vedes agora, que se conserve muita gente em vida. Não temais, pois; eu vos sustentarei a vós outros e a vossos filhos. Assim, os consolou e lhes falou ao coração (Gênesis 50:19-21).

José viveu governado pela fé e não pelas paixões. Viu a mão providente de Deus mesmo nas circunstâncias adversas. Cada palavra pronunciada por ele pesa uma tonelada de graça. José lhes oferece segurança em forma de perdão. José era guiado pela graça. Ele falava pela graça. Perdoava pela graça. Esquecia pela graça. Amava pela graça. Lembrava pela graça. Por causa da graça, quando os irmãos se prostraram diante dele com medo, pôde dizer: "Fiquem calmos, Deus transformou o mal em bem".

A resposta de José enseja-nos algumas lições.

Primeiro, o amor lança fora o medo (v. 19a): "Não temais". José amava seus irmãos e já havia dado provas robustas desse amor. O medo deles era infundado. A culpa que latejava na consciência deles era desnecessária. O amor lança fora todo medo (1João 4:18).

Segundo, a vingança é uma usurpação da autoridade divina (v. 19b): "Acaso estou eu em lugar de Deus?". José é governador do Egito, mas sabe que seu poder é limitado. Só Deus, o reto juiz, pode exercer juízo e aplicar vingança. Seus irmãos não estavam em suas mãos, mas nas mãos de Deus, que é rico em perdoar (Isaías 55:7). Como Deus perdoou os irmãos, em hipótese alguma José poderia dar um veredito diferente de Deus. O perdão humano não passa de confirmação do perdão divino. Ao dar essa resposta a seus irmãos, José dirige sua atenção para bem longe de si: para o Deus soberano que governa sua história. Ele está cônscio dos limites de sua autoridade.

Terceiro, Deus transforma o supremo mal em supremo bem (v. 20): "Vós, na verdade, intentastes o mal contra mim; porém Deus o tornou em bem, para fazer, como vedes agora, que se conserve muita gente em vida". José não faz vistas grossas ao pecado dos irmãos nem enfeita o mal, mas afirma que Deus havia transformado o mal em bem. A intenção deles era má, mas o propósito de Deus era bom. O apóstolo Pedro deixa essa verdade clara ao denunciar o maior crime da história, que Deus transformou no maior bem: "Sendo [Jesus] entregue pelo determinado desígnio e presciência de Deus, vós o matastes, crucificando-o por mãos de iníquos; o qual, porém, Deus ressuscitou" (Atos 2:23-24).

Quarto, o amor sempre transborda (v. 21a): "Não temais, pois; eu vos sustentarei a vós outros e a vossos filhos". José não aceita a proposta deles de serem escravos; ao contrário, reafirma sua disposição de sustentar a eles e a seus filhos. Assim como o filho pródigo estava disposto a ser apenas um jornaleiro na casa do pai, mas recebe roupa, sandálias, anel e um banquete (Lucas 15:18-24), assim também José acalma o coração atribulado de seus irmãos, oferecendo-lhes segurança e ampla provisão. José deu a eles um lar para morar, trabalho a fazer, alimento para comer, suprindo assim todas as suas necessidades. Abraão teve dois filhos que não conseguiram conviver, Isaque e Ismael. Isaque teve dois filhos, Esaú e Jacó, que se separaram para sempre. Mas os doze filhos de Jacó permaneceram unidos.

Quinto, o amor perdoador traz verdadeiro consolo (v. 21b): "Assim, os consolou e lhes falou ao coração". O mesmo José que havia abraçado e chorado com seus irmãos dezessete anos atrás, agora, consola-os de novo, falando-lhes ao coração. Se eles haviam acabado de sepultar o corpo de Jacó na caverna de Macpela, agora deveriam sepultar de uma vez para sempre seus medos e a culpa do passado, apropriando-se do pleno perdão.

TEMPO DE CELEBRAR A FAMÍLIA

Quando José sepultou seu pai, ele tinha 56 anos. Como sabemos disso? Ele passou treze anos no Egito como escravo, mais sete anos como governador no Egito nos tempos de fartura e mais dois anos em tempos de fome. Assim, depois de vinte e dois anos, ele levou sua família para o Egito. Nesse tempo Jacó tinha 130 anos e José, 39.

Jacó foi para o Egito com 130 anos e morreu aos 147. Por conseguinte, quando Jacó morreu, José tinha 56 anos. Como José morreu com 110, isso significa que ainda viveu no Egito mais cinquenta e quatro anos depois da morte de seu pai.

Nesse tempo, José viu sua família florescer. Tornou-se avô e depois bisavô. Adotou os netos de Manassés, assim como Jacó havia adotado seus filhos.

Vejamos o registro bíblico: "José habitou no Egito, ele e a casa de seu pai; e viveu cento e dez anos. Viu José os filhos de Efraim até à terceira geração; também os filhos de Maquir, filho de Manassés, os quais José tomou sobre seus joelhos" (Gênesis 50:22-23).

José viu seus descendentes até a terceira geração. Um destaque especial é feito a Maquir, o primogênito de Manassés (Josué 17:1). A tribo que descende dele tornou-se conhecida como a tribo dos "maquiritas". No cântico de vitória de Débora e Baruque, Maquir é citado em nível de igualdade com as tribos de Efraim, Benjamim, Zebulom, Issacar e Naftali, enquanto Manassés não é citado (Juízes 5:14). O papel de destaque de Maquir já começa a ser delineado no Egito pelo fato de seus filhos nascerem sobre os joelhos de José, isto é, por terem sido adotados por José.

Tempo de morrer

Desde o dilúvio a idade dos homens foi se encurtando. Abraão, o bisavô de José, viveu 175 anos; Isaque, seu avô, 180; Jacó, seu pai, 147; José viveu 110 anos. Está escrito: "Disse José a seus irmãos: Eu morro" (Gênesis 50:24). Há tempo de nascer e tempo de morrer. Os grandes homens também morrem. Os homens ricos e influentes também morrem. Desde que o pecado entrou no mundo, o homem está debaixo da sentença divina: "Porque tu és pó e ao pó tornarás" (Gênesis 3:19).

TEMPO DE ESPERAR A VOLTA PARA A TERRA PROMETIDA

Mesmo José sendo príncipe do Egito, seus olhos estavam postos além do horizonte. Mesmo sendo governador do maior império do mundo, age como profeta. Mesmo desfrutando de todas as glórias do Egito, seu coração anseia pela terra prometida. Ressaltamos três verdades preciosas.

1. *Uma profecia sobre o êxodo* (Gênesis 50:24). "Porém Deus certamente vos visitará e vos fará subir desta terra para a terra que jurou dar a Abraão, Isaque e a Jacó." Aqui os nomes de Abraão, Isaque e Jacó aparecem juntos pela primeira vez, e aparecem exatamente no contexto da profecia de que o Êxodo aconteceria, e Canaã, a terra prometida, seria o destino deles e não o Egito. Nas palavras de Bruce Waltke, "o livro de Gênesis termina com a expectativa de visitação divina. José, como um profeta, aponta para o êxodo e fala da promessa de Deus a Abraão (Gênesis 15:13-14)".[4]

---

[4] WALTKE. *Gênesis*, p. 783.

2. *Uma incumbência aos irmãos* (Gênesis 50:25). "José fez jurar aos filhos de Israel, dizendo: Certamente Deus vos visitará, e fareis transportar os meus ossos daqui." José poderia exigir que fosse erigida no Egito uma pirâmide para acolher o seu corpo, mas sendo peregrino governado pela fé, incumbe seus irmãos, sob juramento, de levar seus ossos quando o êxodo acontecesse.

3. *Um caixão no Egito* (Gênesis 50:26). "Morreu José da idade de cento e dez anos; embalsamaram-no e o puseram num caixão no Egito." Exteriormente, José era egípcio; interiormente, era israelita. A vida é transitória e a morte é certa. A morte não é um acidente, mas um encontro marcado (Hebreus 9:27). Esse caixão, conservado durante séculos, é levado por Moisés na ocasião da saída do Egito (Êxodo 13:19). Josué enterra os ossos de José no campo junto a Siquém, que Jacó tinha comprado e dado a José (Josué 24:32). Warren Wiersbe é oportuno, quando escreve:

> O caixão de José no Egito era uma lembrança constante para que o povo hebreu tivesse fé em Deus. Quando sua situação no Egito mudou e os hebreus viram-se escravos em vez de residentes estrangeiros (Êxodo 1:8-22), puderam encontrar ânimo ao olhar para o caixão de José. Durante o tempo em que vagaram pelo deserto, ao carregarem consigo, de um lugar para outro, os restos mortais de José; a

memória dele ministrou-lhes e instou-os a confiar em Deus sem nunca desistir.⁵

James Montgomery Boice respondendo à pergunta "O que um caixão no Egito nos ensina", diz: primeiro, nada é mais consistente do que a inevitabilidade da morte para todas as pessoas; segundo, Deus sempre fala a verdade, mesmo quando se trata de coisas que nós não queremos ouvir ou contrárias às nossas percepções; terceiro, mesmo os homens mais piedosos também morrem e passam, mas Deus continua sendo o sustentador, o provedor e o libertador do seu povo; quarto, Deus cumpre suas promessas, e mesmo o povo de Deus passando pelas noites mais escuras, o êxodo chegou, a liberdade raiou e a promessa da terra prometida se cumpriu.⁶

Charles Swindoll, fazendo um resumo da saga de José, diz que a vida de José nos ensina três lições: primeiro, Deus opera tudo soberanamente para a sua glória e nosso bem; segundo, podemos viver completamente livres de amargura apesar das adversidades e injustiças que sofremos; terceiro, a hora que a morte chegar, podemos partir em paz com Deus e com os homens.⁷

---

⁵ WIERSBE. *Comentário bíblico expositivo*, p. 227.
⁶ BOICE. *Genesis*, p. 1272-1276.
⁷ SWINDOLL. *José*, p. 241-243.

O autor aos Hebreus diz que as ordens de José quanto aos seus próprios ossos foram um gesto de fé: "Pela fé José, próximo do seu fim, fez menção ao êxodo dos filhos de Israel, bem como deu ordens quanto aos seus próprios ossos" (Hebreus 11:22). As ordens de José foram cumpridas, pois lemos: "Também levou Moisés consigo os ossos de José, pois este havia feito os filhos de Israel jurarem solenemente, dizendo: Certamente, Deus nos visitará; daqui, pois, levai convosco os meus ossos" (Êxodo 13:19). O seu desejo foi cumprido, pois está escrito: "Os ossos de José, que os filhos de Israel trouxeram do Egito, enterraram-nos em Siquém, naquela parte do campo que Jacó comprara aos filhos de Hamor, pai de Siquém, por cem peças de prata, e que veio a ser a herança dos filhos de José" (Josué 24:32). José, príncipe do Egito, morreu e foi sepultado, mas seu testemunho tem cruzado os séculos e alcançado as gerações. Deus sepulta seus obreiros, mas sua obra continua. Hoje vivemos na esperança da glória. Somos peregrinos rumo à Canaã celestial.

Bibliografia

BOICE, James Montgomery. *Genesis*. Vol. 3. Ada: Baker Books, 1998.

BONHOEFFER, Dietrich. *Temptation*. Nova York: Macmillan, 1953.

BRÄUMER, Hansjörg. *Gênesis*. Vol. 2. Curitiba: Esperança, 2016.

HAMMARSKJOLD, Dag. *Markings*. Nova York: Knoph, 1964.

HENRY, Matthew. *Comentário Bíblico: Antigo Testamento. Volume 1: Gênesis a Deuteronômio*. Rio de Janeiro: CPAD, 2010.

KIDNER, Derek. *Gênesis: Introdução e comentário*. São Paulo: Vida Nova, 2006.

LEUPOLD, H. C. *Exposition of Genesis*. Vol. 2. Grand Rapids: Baker Book, 1959.

LIVINGSTON, George H. *O Livro de Gênesis*. Em PRICE, Ross; GRAY, C. Paul; GRIDER, J. Kenneth; SWIN, Roy. *Comentário Bíblico Beacon*. Vol. 1. Rio de Janeiro: CPAD, 2015.

MACDONALD, William. *Believer's Bible Commentary*. Nashville: Thomas Nelson, 1995.

MORRIS, Henry M. *The Genesis Record: A Scientific and Devotional Commentary on the Book of Beginnings*. Ada: Baker Books, 2006.

OWEN, F. Frederick. *Abraham to the Middle-East Crises*. Grand Rapids: Eerdmans, 1957.

SWINDOLL, Charles R. *José: Um homem íntegro e indulgente*. São Paulo: Mundo Cristão, 2016.

SWINDOLL, Charles. *José: um homem íntegro e indulgente*. São Paulo: Mundo Cristão, 2016.

WALTKE, Bruce. *Gênesis*. São Paulo: Cultura Cristã, 2010.

WIERSBE, Warren W. *Comentário bíblico expositivo*. Vol. 1. Santo André: Geográfica, 2006.

Sua opinião é importante para nós.
Por gentiliza, envie-nos seus comentários pelo e-mail:

editorial@hagnos.com.br